Gunhild von der Recke

Köstliche Gemüse Mahlzeiten

mit und ohne Fleisch –
herzhaft und gesund

GU
Gräfe und Unzer

Umschlag-Vorderseite
Der Lauchkuchen nach Schwyzer Art läßt sich gut vorbereiten und ist auch als Vorspeise für ein Menü geeignet. Rezept Seite 45.
2. Umschlagseite
Die Zutaten für diesen köstlichen Möhrenauflauf sind das ganze Jahr über verfügbar. Besonders intensiv schmeckt er jedoch mit den zarten jungen Möhren, die es im Frühsommer gibt. Rezept Seite 36.
3. Umschlagseite
Diese herzhafte Gemüsepfanne ist schnell zubereitet aus Pellkartoffeln vom Vortag, Zwiebeln, Knoblauch und Fleischtomaten. Rezept Seite 52.

Farbfotos: Fotostudio Teubner (Umschlag-Vorderseite, Seite 9, 30 und 48), Fotostudio L'Eveque Harry Bischof (U 2, Seite 10, 19, 20, 29 und 47), Susi und Pete A. Eising (U 3).

CIP-Kurztitelaufnahme der Deutschen Bibliothek

Recke, Gunhild von der:
Köstliche Gemüse-Mahlzeiten: mit u. ohne Fleisch - herzhaft und gesund; [mit Gemüse-Geschmackskalender] / Gunhild von der Recke. - 3. Aufl. - München: Gräfe und Unzer, 1989.
(GU Küchen-Ratgeber)
ISBN 3-7742-4642-4

3. Auflage 1989
© Gräfe und Unzer GmbH, München
Redaktion: Dorothee Krebs
Herstellung: Birgit Rademacker
Zeichnungen: Gerlind Bruhn
Umschlaggestaltung: Heinz Kraxenberger
Satz und Druck: Appl, Wemding
Reproduktion: Brend'amour, Simhart & Co.
Bindung: R. Oldenbourg

ISBN 3-7742-4642-4

Gunhild von der Recke

hat Publizistik und Theaterwissenschaft studiert und nach dem Besuch einer bekannten Münchener Schauspielschule lange Jahre erfolgreich auf der Bühne gestanden.

Nach der Geburt ihres Sohnes verlagerte sie ihr künstlerisches Können mit großem Engagement ins Küchengeschehen. Mit ihren Erfahrungen, die sie in vielen Jahren im In- und Ausland gemacht hatte, verwöhnte sie ihre Familie und viele Gäste mit immer neuen Gerichten.

Daß sie eine richtige Entscheidung traf, als sie ihr großes Hobby zum Beruf machte, beweist die Prämierung ihres ersten Buches mit einer Medaille der Gastronomischen Akademie Deutschlands sowie der große Erfolg in etlichen Fernsehauftritten, die ihre guten Ideen einem breiten Publikum zugänglich machten.

Im gleichen Verlag sind von ihr weitere Küchen-Ratgeber unter anderem zu den Themen: Eintöpfe, Kartoffeln, Knoblauch, Zwiebeln und Aufläufe erschienen. Außerdem ist sie Mitautorin der erfolgreichen Bücher: Unser Kochbuch No. 1 und Unser Backbuch No. 1.

Sie finden in diesem Buch

Ein Wort zuvor

Gemüse ist in aller Munde – diese Feststellung trifft in doppeltem Sinne zu, ist doch der Verbrauch in den letzten Jahren kontinuierlich gestiegen und das Angebot rund um's Jahr erheblich erweitert worden. Was vor noch nicht allzu vielen Jahren noch zu den Exoten zählte, nahezu unbekannt und schwer zu bekommen war, wird heute in bunter Fülle überall angeboten. Viele Gemüsefrüchte wie Auberginen, Zucchini, Fenchel oder die köstlichen Fleischtomaten zum Beispiel werden neben den traditionellen deutschen Gemüsearten auch schon in hiesigen Betrieben und Gärten angebaut. Die farbige Pracht der Stände und Gemüseläden verlockt geradezu zum Einkauf. Viele werden neugierig und bekommen Lust, neben Gurken und Möhren auch unbekanntere Arten auszuprobieren.

Wenn man bedenkt, wie gut Gemüse schmeckt, wie vielseitig es sich zubereiten läßt, daß es zur Deckung des Vitamin- und Mineralstoffbedarfs beiträgt und die wichtigen Ballaststoffe liefert, ist es kein Wunder, daß es in der Küche einen so großen Stellenwert hat.

In diesem preiswerten GU Küchen-Ratgeber spielt das Gemüse die Hauptrolle als kulinarischer Mittelpunkt der Mahlzeiten. Ganz bewußt wurden Rezepte mit und ohne Fleisch zusammengetragen, um sowohl Vegetariern als auch den Nicht-Vegetariern unter den Gemüsefans gerecht zu werden.

Sie finden Rezepte für bekannte Gerichte wie Pichelsteiner Eintopf, gefüllte Paprikaschoten oder Ratatouille, aber auch für andere, nicht minder verlockende wie Zucchinirisotto, überbackenen Fenchel oder Tomatensoufflé.

Es gibt so viele interessante Zubereitungsarten, reizvolle und ungewohnte Kombinationsmöglichkeiten für Gemüse, daß sich das Ausprobieren immer lohnt und spannend ist. Wie immer, meine ich, sollen die Rezepte dazu anregen, eigene Kreationen zu erfinden. Gemüsekuchen eignen sich hervorragend zum Experimentieren: wußten Sie, daß Wirsing mit Fisch,

Zucchini mit Muscheln oder Ratatouille mit Schnecken ausgezeichnet schmecken?

Um die Auswahl zu erleichtern, sind die Rezepte in einzelne Kapitel zusammengefaßt, damit Sie Suppen und Eintöpfe, gefüllte Gemüse, Aufläufe und Gratins, herzhafte Kuchen und Spezialitäten schnell finden können. Für den richtigen Umgang mit Gemüse vom Einkauf und der Vorbereitung bis zur wertschonenden Zubereitung bringen die ersten Seiten des Buches wichtige Informationen. Im Anschluß daran gibt ein Gemüse-Geschmackskalender Auskunft über alle in den Rezepten verwendeten Gemüse, über deren Hauptsaison, ernährungsphysiologischen Wert, die Aufbewahrung und Besonderheiten.

Die brillanten Farbfotos vermitteln einen Eindruck von den köstlichen Ergebnissen Ihrer Kochkunst. Etwas schwierigere Arbeitsgänge werden in Schritt-für-Schritt-Abbildungen gezeigt und zusätzliche Informationen liefern erläuternde Zeichnungen und Tips aus eigener Erfahrung.

Nun wünsche ich Ihnen viel Vergnügen beim Einkauf, Spaß beim Hantieren in der Küche und guten Appetit.

Ihre
Gunhild von der Recke

Über den Umgang mit Gemüse

Der richtige Umgang mit Gemüse beginnt beim Einkauf. Richten Sie sich dabei nach dem saisonalen Angebot und ziehen Sie einheimisches Gemüse dem mit langen Transportwegen vor. Wählen Sie Gemüse nicht nach Schönheitskriterien aus. Die großen makellosen Produkte verdanken ihr Aussehen oft einer erhöhten Düngung oder sie kommen aus Gewächshauskulturen. Wenn Gemüse Ihrer Wahl den arteigenen Duft verströmt, so braucht es in Form und Größe nicht mit den gespritzten Exemplaren zu konkurrieren. Außerdem muß Gemüse frische, knackig feste Blätter aufweisen, Knollen dürfen nicht beschädigt sein oder gar faulige Stellen haben, Stauden müssen elastisch biegsam sein. Schnittenden dürfen nicht ausgetrocknet sein. Frisches Gemüse sollte nach dem Einkauf möglichst gleich zubereitet werden.

Gemüse putzen
Man putzt Gemüse, indem erdige Wurzelteile und Pflanzenbestandteile, die nicht verzehrt werden können, entfernt werden, weil sie hart, faserig oder besonders schadstoffbelastet sind. Das sind beispielsweise die dunkelgrünen Blattenden vom Lauch, die äußeren Blattschichten von Kohl- und Salatköpfen. Auch dicke Blattrippen und Stiele von Blattgemüse und Blattsalaten sollten entfernt werden, da sie viel Nitrat enthalten können.

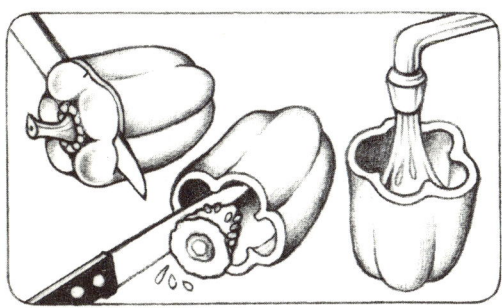

Vor dem Waschen der Paprikaschoten werden die Stielansätze, Trennwände und Kerne entfernt.

Waschen von Gemüse
Um möglichst viele Rückstände von Schwermetallen und Pflanzenbehandlungsstoffen zu entfernen, wird alles Gemüse gründlich gewaschen. Früchte mit glatter Oberfläche wie Auberginen, Zucchini und Gurken reibt man zunächst gründlich mit einem trockenen Tuch ab und wäscht sie danach warm. Auch Kartoffeln und Sellerieknollen werden vor dem Schälen oder Kochen gründlich unter warmem Wasser gebürstet und mit Küchenkrepp trockengerieben.

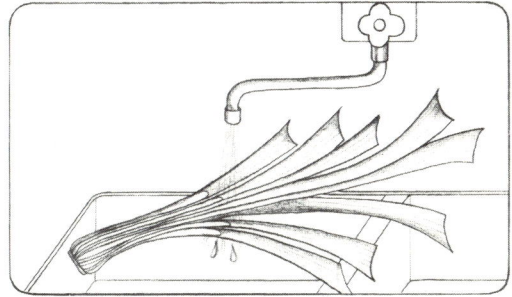

Lauch wird unter fließendem Wasser gewaschen, indem die Blätter weit auseinandergebogen werden, da zwischen ihnen viel Sand und Erde sitzen kann.

Verlesen von Gemüse
Bei Blattgemüse und Kräutern grobe Stengel und schlechte Blatteile entfernen.

Schaben oder Schälen
Wurzelgemüse wie Möhren, Rüben oder Knollensellerie nach dem gründlichen Waschen oder Bürsten je nach Beschaffenheit der Oberfläche mit der Messerklinge abschaben oder mit dem Sparschäler dünn schälen. Von Spargel und Staudensellerie die dünne äußere faserige Haut abziehen.

Häuten von Gemüse
Die feine Haut von Paprikaschoten und Tomaten abziehen. Die Tomaten schneidet man am stiellosen Ende kreuzweise ein, überbrüht sie mit

kochendheißem Wasser, gießt das Wasser nach etwa 2 Minuten ab, schreckt die Tomaten mit kaltem Wasser ab und häutet sie. Paprikaschoten werden in den 220° heißen Backofen gegeben, bis die Haut Blasen wirft. Nach dem Herausnehmen und kurzen Abkühlen läßt sich die feine Haut leicht abziehen.

Zum Häuten schneidet man die Tomaten am stiellosen Ende kreuzweise ein und überbrüht sie mit kochendheißem Wasser. Nach etwa 2 Minuten läßt sich die Haut leicht abziehen.

Kochfertig machen

Ungenießbare Teile wie Stiel- und Blütenansätze und Stielenden sowie grobe Fäden und Rippen vom Gemüse entfernen. Nach dem Verlesen, Häuten oder Zerkleinern Gemüse nicht mehr waschen oder in Wasser liegen lassen, denn jeder Anschnitt ermöglicht das Auslaugen wertvoller Inhaltsstoffe.

Gemüse richtig garen

Gemüse stets so kurz wie möglich bei gerade ausreichenden Temperaturen im geschlossenen Topf garen; Gemüse muß auch gegart noch einen »Biß« haben, also den Zähnen beim Kauen Widerstand leisten. Gemüse nach dem Garen niemals warm halten. Gemüseportionen möglichst so bereiten, daß sich keine Reste ergeben. Bleibt dennoch vom gegarten Gemüse etwas übrig, läßt man es kalt werden und verwendet es als Suppeneinlage oder für Salate. Wichtig: Spi-

nat und gegarte rote Bete enthalten viel Nitrat. Sie dürfen kein zweites Mal erwärmt werden, da sie dadurch unbekömmlich, für Kinder sogar schädlich werden.

Wertstoffe erhalten

Um möglichst viel von den wertvollen Inhaltsstoffen des Gemüses zu erhalten, sollte man nach Möglichkeit von jeder Gemüsesorte ein Drittel roh belassen und kleingeschnitten oder geraspelt unter das bereits gegarte Gemüse mischen. Ausnahme: Grüne Bohnen sind roh ungenießbar. Sie brauchen eine Garzeit von mindestens 10 Minuten bei etwa 100°, um das giftige *Phasin* abzubauen. Hier lassen sich durch das Garen entstandene Wertstoffverluste wie bei allen anderen Gemüsearten durch frische Kräuter ausgleichen, die man erst kurz vor dem Servieren hackt und über das Gemüse streut.

Gemüsefreundliche Garmethoden

Nur wenige Gemüsearten müssen gekocht werden, wie Spargel oder Schwarzwurzeln. Eine der schonendsten Gararten für Gemüse ist das Blanchieren, also das kurze Eintauchen in sprudelnd kochendes Wasser für wenige Minuten. Blanchiert werden Blattgemüse wie Spinat und Mangold oder Gemüse, die für Salate weiterverwendet werden. Ebenso schonend ist das Dämpfen in einem Dämpfeinsatz über sprudelnd kochendem Wasser im geschlossenen Topf. Auch Dünsten ist eine schonende Garart für Gemüse. Bei schwacher Hitze wird Gemüse in wenig Fett und wenig Flüssigkeit im geschlossenen Topf gedünstet, wobei man den Topf möglichst nicht öffnet, sondern durch Rütteln des Topfes »umrührt«. Schonend wird Gemüse auch in Alufolie eingeschlagen gegart oder im Backofen unter einer schützenden Kruste von Sauce, Käse oder Semmelbröseln gratiniert.

Gemüse-Geschmackskalender

In dem folgenden Gemüse-Geschmackskalender soll das Wichtigste der Gemüsearten dargestellt werden, für die es in diesem Buch auch Rezepte gibt. Nach einer kurzen Beschreibung der Gemüseart finden Sie jeweils das Stichwort »Hauptsaison«; sie meint die Zeiten, in denen das jeweilige Gemüse aus Freilandanbau im europäischen Raum angeboten wird, also am intensivsten und typischsten schmeckt. Außerdem finden Sie aufgeführt, an welchen Nährstoffen die Gemüseart besonders »reich« ist. Beim Stichwort »Einkauf« erfahren Sie, auf was beim Kauf zu achten ist. Und außerdem lesen Sie Tips zum »Aufbewahren« und »Besonderheiten« der Gemüsearten.

Auberginen

Sie werden auch Eierfrüchte oder Melanzanen genannt, gehören zu den Nachtschattengewächsen und sind typisch für den Mittelmeerraum. Die dunkelviolette Schale sowie die winzigen Kerne im Fruchtfleisch werden mitverzehrt. Auberginen schmecken leicht bitter und lassen sich hervorragend mit anderen Zutaten kombinieren.

Hauptsaison: Mai bis Oktober

Besonders reich an: Ballaststoffen und Folsäure. Etwa 105 kJ/25 kcal pro 100 g des verzehrbaren Anteils.

Einkauf: Früchte mit glatter glänzender Schale wählen; das Fruchtfleisch reifer Auberginen gibt auch auf Fingerdruck nicht nach. Weiche Früchte mit runzeliger Haut bieten ein unangenehm schwammiges Fruchtfleisch.

Aufbewahren: Reife Auberginen im Gemüsefach des Kühlschranks bis zu 3 Tagen; unreife Früchte enthalten das giftige Solanin und müssen bei Raumtemperatur nachreifen.

Besonderheit: Wer den Bittergeschmack von Auberginen mildern möchte, schneidet die gewaschenen Auberginen ungeschält längs in dünne Scheiben und bestreut diese mit Salz. Das Salz bindet die Bitterstoffe. Nach 15 Minuten die Scheiben kalt abspülen oder mit einem Küchentuch trockentupfen und weiterverarbeiten.

Blumenkohl

In Österreich wird er Karfiol genannt. Blumenkohl ist ein Blütengemüse, dessen »Blume« schneeweiß ist. Er ist leicht bekömmlich und läßt sich vielseitig für Suppen, Salate und allerlei Gemüsespeisen verarbeiten.

Hauptsaison: Juni bis November

Besonders reich an: Ballaststoffen, Kalium, den Vitaminen K, B_6, Folsäure, Pantothensäure und C. Etwa 105 kJ/25 kcal pro 100 g des verzehrbaren Anteils.

Einkauf: Auf feste Köpfe mit eng aneinanderliegenden weißen Röschen ohne dunkle Flecken achten.

Aufbewahren: Locker in Papier eingeschlagen im Gemüsefach des Kühlschranks bis zu 3 Tagen.

Besonderheit: Blumenkohl am besten im Siebeinsatz über kochendem Wasser dämpfen oder in halb Wasser, halb Milch ohne Salzzugabe nicht zu weich kochen; das Salz erst nach dem Garen zugeben, da es die Röschen dunkel färbt. Das Dämpf- oder Kochwasser von Blumenkohl nicht weiterverarbeiten, da es zu streng schmeckt und Schadstoffrückstände enthält.

Broccoli

Der dem Blumenkohl verwandte Broccoli mit den dunkelgrünen, dichten krausen Blütenknospen erinnert im Geschmack ein wenig an Spargel. Durch sein feinherbes Aroma und seine zarte Konsistenz gehört Broccoli zu den Wintergemüsen für festliche Gelegenheiten.

Hauptsaison: November bis März

Besonders reich an: Ballaststoffen, Kalium, Calcium, Magnesium, den Vitaminen A, K, B_2, B_6, Folsäure, Pantothensäure und C.
Etwa 138 kJ/33 kcal pro 100 g des verzehrbaren Anteils.
Einkauf: Nur kräftig grüne Pflanzen mit straffen Blättern, Stielen und Deckblättern kaufen. Welke Blüten und gelbe Deckblätter lassen auf unsachgemäße und zu lange Lagerung schließen.
Aufbewahren: In Frischhaltefolie eingeschlagen im Gemüsefach des Kühlschranks 2 Tage.
Besonderheit: Broccoli kann roh oder gekocht verzehrt werden. Er hat kurze Garzeiten. Die Stiele vom Broccoli wie Spargel von oben nach unten dünn schälen. Die Stiele entweder von den Knospen abschneiden und einige Minuten gesondert vorkochen oder die Stiele bis fast zu den Blattansätzen kreuzweise einschneiden, damit alle Teile gleich schnell garen.

Grüne Bohnen

Die Gemüsebohne ist die fleischige Hülse für die darin reifenden Samen, die Bohnenkerne. Solange die Kerne noch klein und weich sind, verwendet man die ganze Bohne. Man unterscheidet die Schnittbohnen, deren Fruchtfleisch weniger zart ist, von den runden fleischigen Brechbohnen. Zu den Brechbohnen gehören auch die gelben Wachsbohnen, die zarten Prinzeß- oder Delikateßbohnen sowie die etwa stricknadeldünnen Faden- oder Keniabohnen. Heute haben die meisten Bohnen keinen Faden mehr, der früher an der gewölbten Außenseite vom Stielende zur Spitze der Bohne hin verlief. Nur bei Schnittbohnen muß man gelegentlich noch den Faden abziehen. Grüne Bohnen sind roh ungenießbar, da die Hülsen und insbesondere die Kerne eine Stickstoffverbindung, das Phasin, enthalten, das in größeren Mengen giftig ist. Beim Garen wird das Phasin zerstört.
Hauptsaison: Juni bis September

Besonders reich an: Ballaststoffen, Magnesium, den Vitaminen K, B_6, Folsäure und C.
Etwa 145 kJ/35 kcal pro 100 g des verzehrbaren Anteils.
Einkauf: Nur sattgrüne oder gelbe straffe Bohnen kaufen, keine laschen Bohnen mit braunen Flecken. Wirklich frische Bohnen kann man knicken, wobei sie hörbar knacken.
Aufbewahren: Lose in Papier eingeschlagen 2 Tage im Gemüsefach des Kühlschranks.
Besonderheit: Vor dem Zubereiten prüfen, ob die Bohnen wirklich fadenlos sind.

Chicorée

Die Chicoréestauden mit dicht übereinanderliegenden hellgelben Blättern und zartgrünen Spitzen werden abgeschirmt vom Tageslicht gezogen. Der Lichtmangel führt zu der hellen Farbe und zarten Konsistenz der Blätter. Der typische Geschmack der angenehm knackigen Blätter ist leicht bitter.
Hauptsaison: November bis März
Besonders reich an: Ballaststoffen, Magnesium, den Vitaminen A und Folsäure.
Etwa 65 kJ/15 kcal pro 100 g des verzehrbaren Anteils.
Einkauf: Die Stauden sollten möglichst bis zu den Blattspitzen hin eng geschlossen sein. Die Außenblätter dürfen keine braunen, fauligen Flecken aufweisen.
Aufbewahren: In mehrere Lagen Papier eingeschlagen bis zu 3 Tagen im Gemüsefach des Kühlschranks.
Besonderheit: Wer Bitterstoffe nicht so gerne mag, schneidet am Wurzelende den Strunk mit

Der bunte französische Gemüsetopf ist ein Idealgericht, das heiß als Hauptgericht oder kalt als Vorspeise serviert werden kann. Rezept für Ratatouille Seite 52. ▷

einem spitzen Messer keilförmig heraus, denn in ihm sitzen die meisten Bitterstoffe.

Grüne Erbsen

Es sind die jungen, noch unreifen Samen der Erbsenpflanze. In jedem Fall sollten Erbsen frisch verwendet werden, wenn sie erhältlich sind. Hat man die Wahl zwischen Gemüse aus der Dose und tiefgefrorenem, so sollte man unbedingt tiefgefrorenem den Vorzug geben und zwar besonders den kleinen Perlerbsen, den petits pois. Bei der Zuckerschote oder Zuckererbse wird aus der gesamten Hülse mit dem erst gering entwickelten Samen ein hervorragendes Gemüse bereitet.

Hauptsaison: Juni bis August

Besonders reich an: Eiweiß, Ballaststoffen, Kalium, Magnesium, Eisen, den Vitaminen E, K, B_1, B_2, Niacin, B_6, Folsäure, Pantothensäure und C.

Einkauf: Bei frischen Erbsen in der Schote rechnet man, daß die Hülsen gut 50% des Gewichtes ausmachen. Werden also nur die Erbsen, nicht auch die Schoten verarbeitet, so muß mit der Hälfte als Abfall gerechnet werden.

Aufbewahren: Frische Erbsen in den Hülsen in ein feuchtes Tuch eingeschlagen höchstens 1 Tag im Gemüsefach des Kühlschranks.

Besonderheit: Ausgehülste Erbsen je nach Größe und Sorte etwa 20 Minuten dünsten; ganz junge Zuckerschoten sind in 10 bis 15 Minuten gar; tiefgefrorene Perlerbsen gart man höchstens 3 Minuten.

◁ Unter der knusprigen Kruste verbirgt sich das feine Aroma von Blumenkohl, Hirse und Schinken. Das Rezept für den schnellen und preiswerten überbackenen Blumenkohl finden Sie auf Seite 36.

Fenchel

Fenchel, auch Fenchelknolle oder Gemüsefenchel genannt, ist der verdickte Stiel der Pflanze. Er setzt sich aus fleischigen, gerippten Blättern zusammen, die dicht aufeinanderliegen. Die aus der Knolle hochwachsenden grünen Stiele und das fein gefiederte Blattgrün werden auch mitverwendet. Der für Fenchel typische Geschmack ist auf das in ihm enthaltene Anisöl zurückzuführen.

Hauptsaison: Oktober bis April

Besonders reich an: Ballaststoffen und den Vitaminen A und C.

Etwa 205 kJ/49 kcal pro 100 g des verzehrbaren Anteils.

Einkauf: Nur feste weiße oder hellgrüne Knollen mit frischem Blattgrün kaufen; zeigen Knollen bräunliche trockene Stellen, so sind sie überlagert.

Aufbewahren: Die Fenchelknollen von den hochwachsenden Stielen befreien und mit dem Fenchelgrün gründlich waschen. In ein feuchtes Tuch einschlagen und höchstens 1 Tag im Kühlschrank lagern.

Besonderheit: Von den äußeren Blättern die harten Rippen entfernen. Zerkleinerten Fenchel mit Zitronensaft beträufeln, damit er sich nicht dunkel färbt.

Gurken

Zwar wird die Salatgurke ganzjährig aus Treibhauskulturen angeboten, aber aromatischer schmeckt sie, wenn sie aus dem Freilandanbau stammt. Neben der Salatgurke wird noch die Gemüse- oder Schmorgurke angeboten. Im Spätsommer oder Frühherbst erhält man meist sehr preiswert diese kleinen Nachzügler der Gemüsegurke, die sich besonders gut zum Einlegen eignen.

Hauptsaison: Juni bis Oktober
Besonders reich an: Ballaststoffen.
Etwa 65 kJ/15 kcal pro 100 g des verzehrbaren Anteils.
Einkauf: Auf feste Früchte ohne weiche oder gar faulige Stellen achten, sowie auf unverletzte glänzende tiefgrüne Schalen. Späte Gurken dürfen teilweise gelbe Schalen haben, dies spricht für fast überreife, aber auch besonders aromatische Gurken.
Aufbewahren: Im Gemüsefach des Kühlschranks oder in dunklen kühlen Räumen 3 Tage.
Besonderheit: Obwohl die heutigen Salatgurkensorten meist bitterstoffrei sind, enthalten manche Gurken vom Stielende ausgehend Bitterstoffe, die nicht beliebt sind. Deshalb die gewaschene ungeschälte Gurke vom Stielende her scheibchenweise probieren und so viel abschneiden, bis der bittere Geschmack nicht mehr vorhanden ist.

Kartoffeln

Eine fast unübersehbar große Anzahl verschiedener Sorten dieser wertvollen Knolle wird angebaut. Da das Angebot regional verschieden ist, interessieren weniger die Sortennamen als die Kocheigenschaften, der Geschmack und die Farbe der Kartoffeln. Bei den Kocheigenschaften unterscheidet man festkochend – für Kartoffelsalat und Bratkartoffeln – vorwiegend festkochend – für Pellkartoffeln, Salzkartoffeln, Puffer, Rösti und Klöße aus gekochten Kartoffeln – und mehlig kochend – für Kartoffelpüree, Klöße aus gekochten Kartoffeln, Suppen und Eintöpfe.
Hauptsaison: sehr frühe Sorten Juni, frühe Sorten Juli bis August, mittelfrühe Sorten August bis September, mittelspäte bis sehr späte Sorten September bis Oktober.
Besonders reich an: Kohlenhydraten, Ballaststoffen, Kalium, Magnesium, den Vitaminen B_6 und C.

Etwa 301 kJ/72 kcal pro 100 g des verzehrbaren Anteils.
Einkauf: Auf saubere, unverletzte Kartoffeln achten. Keine Knollen mit grünen Stellen kaufen, da sie das giftige Solanin enthalten.
Aufbewahren: möglichst kühl und dunkel, dabei luftig ohne Verpackung in einem Korb bis zu 3 Wochen. Zum Einkellern in unbeheizten dunklen, luftigen Kellerräumen. Wichtig: Bei Temperaturen um den Gefrierpunkt und darunter wandelt sich die Stärke in Zucker um und die Kartoffeln schmecken unangenehm süßlich.
Besonderheiten: Die nährstoffschonendste Zubereitung ist das Garen der Kartoffeln in der Schale. Werden Kartoffeln geschält gegart, möglichst wenig Flüssigkeit zufügen und diese nach dem Garen mitverwenden.

Kohlrabi

Kohlrabi gibt es mit hellgrüner und dunkelvioletter Haut, es besteht jedoch zwischen beiden Sorten kein Unterschied im Geschmack und in den Inhaltsstoffen. Die zarten Kohlrabiblätter enthalten besonders viel Nährwerte und sollten deshalb immer – lauwarm gewaschen, trockengetupft und gehackt – zuletzt dem Gericht beigegeben werden.
Hauptsaison: Mai bis Oktober
Besonders reich an: Ballaststoffen und Vitamin C.
Etwa 130 kJ/31 kcal pro 100 g des verzehrbaren Anteils.
Einkauf: Möglichst mittelgroße Knollen ohne Risse kaufen. Auf frisches Blattgrün achten.
Aufbewahren: Im Gemüsefach des Kühlschranks 3 Tage.
Besonderheit: Junge Knollen roh als Salat oder Rohkost verwenden. Größere Kohlrabi eignen sich gut zum Füllen, für Gemüseeintöpfe oder für Suppen.

Lauch

Regional ist Lauch auch als Porree bekannt, er gehört zur Familie der Zwiebeln. Sommerlauch hat hellgrüne, rund eingeschlagene, dünnwandige Blätter, die nach unten hin gelblich werden und im weißen Wurzelstück enden. Sommerlauch ist zarter und milder im Geschmack als der herbe Winterlauch. Vom Winterlauch werden hauptsächlich die gelben und weißen Stücke verwendet. Von den dunkelgrünen Blättern gibt man Teile als Würze in die Fleischbrühe.

Hauptsaison: Sommerlauch Mai bis August; Winterlauch September bis April.

Besonders reich an (weißer/gelber Stangenanteil): Ballaststoffen, Calcium, den Vitaminen E, B_6, Folsäure und C.

Etwa 113 kJ/27 kcal pro 100 g des verzehrbaren Anteils.

Einkauf: Nur Lauch mit einwandfreien, unbeschädigten Blättern und ohne faulige Stellen kaufen. Bei Winterlauch muß mit bis zu 50% Abfall, bei Sommerlauch mit etwa 30% Abfall gerechnet werden.

Aufbewahren: Den Lauch bereits geputzt dick in Papier eingeschlagen bis zu 3 Tage im Gemüsefach des Kühlschranks lagern.

Besonderheit: Lauch stets gründlich waschen, dabei die Blätter weit auseinanderbiegen, da zwischen ihnen viel Sand und Erde sitzen kann. Winterlauch längs halbieren, in Stücke schneiden und diese 10 Minuten in Salzwasser blanchieren, damit der strenge Geschmack gemildert wird.

Möhren

Möhren werden auch gelbe Rüben, Karotten, Mohrrüben oder Wurzeln genannt. Karotten sind aber nur die kleinen, kugelförmigen Frühmöhren, die leider kaum auf den Markt kommen, sondern hauptsächlich von der Industrie verarbeitet werden. Sommer- und Herbstmöhren haben längliche Wurzeln mit spitzen oder stumpfen Enden von unterschiedlicher Dicke.

Hauptsaison: Mai bis September. Im Winter werden Importware oder eingelagerte Möhren angeboten.

Besonders reich an: Ballaststoffen, Kalium und Vitamin A.

Etwa 170 kJ/40 kcal pro 100 g des verzehrbaren Anteils.

Einkauf: Bei gebündelten Sommermöhren auf frisches Blattgrün achten. Bei späteren Möhren auf unbeschädigte Wurzeln ohne Faulstellen und Risse.

Aufbewahren: Sommermöhren möglichst noch am Tag des Einkaufs verwenden, da sie rasch an Feuchtigkeit verlieren und dadurch lasch werden. Dicke Herbstmöhren dunkel und luftig vor dem Austrocknen geschützt, also in Papier eingeschlagen, bis zu 1 Woche lagern. Größere Vorräte lagern im Winter im Keller in einer Kiste mit einem Gemisch aus Sand und Erde und können dort bis zu 2 Monaten aufbewahrt werden.

Besonderheit: Junge Möhren nur unter fließendem warmem Wasser gründlich bürsten und danach gut abreiben. Ältere Möhren gründlich waschen, anschließend schaben oder dünn schälen und wie im Rezept vorgeschrieben weiterverarbeiten. Bei sehr dicken Möhren den hellgelben oder leicht grünlich gefärbten Strunk im Inneren der Wurzel längs herausschneiden.

Paprikaschoten

Die grünen Paprikaschoten kommen noch unreif auf den Markt, stehen aber in Geschmack und Inhaltsstoffen den gelben und roten in nichts nach. Die gelben und roten Paprikaschoten zeichnen sich jedoch durch ihr süßes und fruchtiges Aroma aus. Die kleineren, länglichen Chilischoten oder Peperoni gehören zur gleichen Familie wie die Paprikaschoten, nämlich zu den Nachtschattengewächsen, werden aber in erster Linie als Gewürz verwendet. Frische Peperoni gibt es ebenfalls grün, gelb oder rot; sie werden frisch für Pizza und Gemüsezubereitungen verwendet.

Hauptsaison: Juli bis November

Besonders reich an: Ballaststoffen, den Vitaminen A, B_6 und C.

Etwa 100 kJ/24 kcal pro 100 g des verzehrbaren Anteils.

Einkauf: Auf straffe glänzende Haut achten, keine gespaltenen oder geplatzten Früchte kaufen.

Aufbewahren: Im Gemüsefach des Kühlschranks 3 Tage.

Besonderheit: Zum Füllen eignen sich besonders große Schoten. Für feine Gemüsezubereitungen und Salate können die Schoten, besonders bei Magenempfindlichkeit, vor dem Zubereiten gehäutet werden. Die Schärfe des Paprika liefert das Alkaloid Capsaicin, das besonders in den Trennwänden und Samenkernen enthalten ist.

Sellerie

Man unterscheidet den Knollensellerie vom Staudensellerie. Junger Knollensellerie ist etwa faustgroß und wird mit frischen grünen Blättern verkauft. Ausgewachsene Knollen sind dunkelbraun und wiegen bis zu 1 kg. Knollensellerie wird seines intensiven Geschmacks wegen häufig zum Würzen verwendet.

Staudensellerie – auch Bleich- oder Stangensellerie genannt – wird durch Anhäufung der Erde während des Wachstums hell gehalten. Zarte schlanke Stangen werden am besten roh verwendet, nur dicke Stangen gegart.

Hauptsaison: Oktober bis März

Besonders reich an: Ballaststoffen, Kalium, Calcium, den Vitaminen E und B_6.

Etwa 170 kJ/40 kcal pro 100 g des verzehrbaren Anteils von Knollensellerie.

Etwa 85 kJ/20 kcal pro 100 g des verzehrbaren Anteils von Staudensellerie.

Einkauf: Bei Knollensellerie auf frisches Blattgrün achten; große Knollen müssen schwer sein, sonst verbergen sich schwammige Hohlstellen in der Knolle. Bei Staudensellerie auf zartgrüne elastische, fleischige Stangen und auf frisches Blattgrün achten.

Aufbewahren: Im Gemüsefach des Kühlschranks kann Knollensellerie bis zu 2 Wochen aufbewahrt werden. Staudensellerie wird gewaschen in ein feuchtes Tuch eingeschlagen und kann 3 Tage im Gemüsefach des Kühlschranks liegen.

Besonderheit: Junge Knollen können roh als Salat oder als Rohkost verwendet werden. Ältere Knollen verwendet man für Gemüseeintöpfe oder für Suppen. Die frischen grünen Blätter in jedem Fall waschen, hacken und immer mitverwenden. Auch bei Staudensellerie werden die hellgrünen Blätter gehackt und stets an die fertige Speise gegeben. Von den Selleriestangen die groben Rippen wie bei Rhabarber von oben nach unten abziehen.

Spinat

Winterspinat, der im Freiland überwintert und erst im März oder April geerntet wird, ist von derber Blattkonsistenz, aber von äußerst aromatischem Geschmack. Sommer- und Herbstspinat zeichnet sich durch zartere Blätter aus, die sich auch ausgezeichnet für frische Salate eignen.

Hauptsaison: März bis November

Besonders reich an: Ballaststoffen, Kalium, Calcium, Magnesium, Eisen, Jod, Fluor, den Vitaminen A, E, K, B_6, Folsäure und C.

Etwa 125 kJ/30 kcal pro 100 g des verzehrbaren Anteils.

Einkauf: Erntefrischer Spinat muß knackig frische Blätter haben, das Wurzelstück darf sich nicht lasch anfühlen.

Aufbewahren: Spinat unbedingt sofort nach dem Einkauf verarbeiten; wenn unumgänglich, den gewaschenen, verlesenen Spinat in ein feuchtes Tuch eingeschlagen höchstens 12 Stunden im Gemüsefach des Kühlschranks lagern.
Besonderheit: Spinat niemals aufwärmen, da sich dabei das in ihm enthaltene Nitrat in Nitrit umwandelt, das in größeren Mengen unverträglich, für Säuglinge und Kleinkinder sogar gesundheitsschädlich ist.

Tomaten

Makellos aussehende Tomaten werden ganzjährig aus Treibhauskulturen angeboten. Das typische Aroma und größeren Reichtum an Nährstoffen enthalten aber nur Freilandtomaten. Neben der runden Tomate gibt es noch die gerippten, meist größeren Fleischtomaten für Gemüsegerichte. Die kleineren länglichen Birnen-, Eier- oder Flaschentomaten aus Italien eignen sich hervorragend zum Dünsten oder Grillen. Besonders dünnschalig und geschmacksintensiv sind die kleinen Cocktailtomaten. Als eigene Züchtung erhält man außerdem die kleinen grünen Tomaten, die vor allem zum Einlegen gedacht sind.
Hauptsaison: Juli bis September
Besonders reich an: Ballaststoffen, Kalium, Magnesium, den Vitaminen A, K, Folsäure und C. Etwa 75 kJ/18 kcal pro 100 g des verzehrbaren Anteils.
Einkauf: Auf glatte unverletzte Schalen und auf gleichmäßig gefärbte, nicht zu weiche Früchte achten.
Aufbewahren: Tomaten mit grünen Stellen bei Raumtemperatur möglichst dunkel lagern; reife Tomaten 2 bis 3 Tage im Gemüsefach des Kühlschranks.
Besonderheit: Grüne Stellen und Stielansätze ausschneiden, da sie das giftige Solanin enthalten. Für feine Salate und zarte Gemüsezubereitungen Tomaten am besten häuten. Für Magenempfindliche sind sie dann auch bekömmlicher.

Weißkohl

Weißkohl wird auch Weißkraut, Kraut oder Kappes genannt. Er ist von mildem Geschmack und knackiger, aber doch zarter Konsistenz. Früher Weißkohl ist noch kräftig grün, später lagerfähige Köpfe haben hellgelbe, von einer leichten Wachsschicht überzogene, eng anliegende Blätter.
Hauptsaison: August bis November; jedoch wird Weißkraut wegen seiner guten Lagerfähigkeit bis März angeboten.
Besonders reich an: Ballaststoffen, Magnesium den Vitaminen K und C. Etwa 105 kJ/25 kcal pro 100 g des verzehrbaren Anteils.
Einkauf: Auf feste geschlossene Köpfe achten.
Aufbewahren: Im Gemüsefach des Kühlschrankes bis zu 1 Woche. In einem kühlen dunklen Keller bis zu 2 Monaten.
Besonderheit: Weißkohl läßt sich roh und gekocht vielseitig verwenden.

Wirsing

Wirsingkohl wird auch Welschkohl oder Welschkraut genannt und ist mit dem Weißkohl verwandt. Die kraus gewellten Außenblätter vom Wirsing sind licht- bis dunkelgrün, die Innenblätter hellgrün bis hellgelb. Je dunkler der Wirsing gefärbt ist, desto intensiver ist sein Geschmack.
Hauptsaison: August bis Januar
Besonders reich an: Ballaststoffen, Kalium, den Vitaminen Folsäure und C. Etwa 125 kJ/30 kcal pro 100 g des verzehrbaren Anteils.
Einkauf: Feste geschlossene Köpfe wählen.

Aufbewahren: Im Gemüsefach des Kühlschranks 4 Tage, in einem dunklen kühlen Raum auf einem Lattenrost bis zu 4 Wochen.

Besonderheit: Vom Wirsing die beiden äußeren Blattschichten entfernen; Wirsing von dunkler Farbe 3 Minuten in kochendem Wasser blanchieren, dann streifig schneiden und dünsten. Wirsing mit hellen Blättern braucht nicht zuvor blanchiert zu werden. Die blähende Wirkung des Wirsings wird durch Zugabe von Kümmel verringert.

Zucchini

Zucchini werden auch Courgettes oder Zuchetti genannt. Die 10 bis 30 cm langen Kürbisfrüchte weisen eine hellgrüne bis kräftig grüne Schale auf, die manchmal auch gelbe Streifen hat. Kleine und mittlere Zucchini werden mit der Schale verzehrt, bei größeren Früchten wird die Schale entfernt. Die Kerne im hellen Fruchtfleisch können mitverzehrt werden.

Hauptsaison: Mai bis Oktober

Besonders reich an: Ballaststoffen.
Etwa 120 kJ/30 kcal pro 100 g des verzehrbaren Anteils.

Einkauf: Nur feste Früchte wählen, die nicht auf Fingerdruck nachgeben. Kleine Früchte sind am aromatischsten.

Aufbewahren: Locker in Papier eingeschlagen 5 Tage im Gemüsefach des Kühlschranks.

Besonderheit: Kleine Zucchini in Scheiben geschnitten, bemehlt oder unbemehlt braten oder grillen. Größere Früchte aushöhlen und mit einer Fleischfarce füllen. Zucchini eignen sich auch gut als Beilagengemüse oder für Suppen.

Zwiebel

Die gelbe Speisezwiebel hat als haltbare Haushaltszwiebel die größte Bedeutung. Im Frühjahr und Sommer wird die Lauch- oder Frühlingszwiebel angeboten, die ein feines Aroma besitzt und mit den grünen Röhrenblättern verwendet wird. Die festen Schalotten haben eine zarte Würze, die überall da verwendet wird, wo die Haushaltszwiebel zu intensiv ist. Silber- oder Perlzwiebeln finden meist nur eingelegt als Konserve Verwendung. Die große Gemüsezwiebel eignet sich hervorragend zum Füllen oder als eigenständiges Gemüse.

Hauptsaison: Haushaltszwiebeln werden ganzjährig angeboten; Frühlingszwiebeln April bis Juli; Gemüsezwiebeln Juni bis November.

Besonders reich an: Ballaststoffen, Vitamin C. Etwa 165 kJ/40 kcal pro 100 g des verzehrbaren Anteils.

Einkauf: Trockene, feste Zwiebeln wählen; bei Frühlingszwiebeln auf kugelige, nicht zu lange weiße Enden und knackige Blätter achten.

Aufbewahren: Frühlingszwiebeln im Gemüsefach des Kühlschrankes 3 Tage; alle anderen Sorten luftig kühl und trocken, am besten dunkel lagern.

Besonderheit: Der typische Zwiebelgeschmack wird besonders durch den Gehalt an Zucker und schwefelhaltigen ätherischen Ölen bestimmt, die auch das Tränen der Augen bei der Zubereitung verursachen. Hält man die geschälten Zwiebeln vor dem Schneiden kurz unter fließendes Wasser, wird das »Weinen« etwas verringert.

---

kJ = Kilojoule, kcal = Kilokalorien; alle genannten Nährstoffangaben beziehen sich jeweils auf 100 g des verzehrbaren *rohen* Anteils.

Deftige Suppen und Eintöpfe

Gemüsesuppe nach Art des Gärtners

Zutaten für 4 Personen:
2 Zwiebeln · 4 Knoblauchzehen · 250 g Möhren ·
250 g grüne Bohnen · 3 Eßl. Butter · 1½ l
Fleischbrühe · 100 g Nudeln (Muscheln oder
Hörnchen) · Salz · 400 g Zucchini · 1 Bund
Frühlingszwiebeln · 4 kleine Tomaten · 150 g tief-
gefrorene Erbsen · schwarzer Pfeffer, frisch
grobgemahlen · einige Spritzer Tabascosauce ·
4 Eßl. Parmesankäse, frisch gerieben
Pro Person etwa 1600 kJ/380 kcal
16 g Eiweiß · 15 g Fett · 44 g Kohlenhydrate ·
12 g Ballaststoffe

- Vorbereitungszeit: etwa 30 Minuten
- Garzeit: etwa 45 Minuten

So wird's gemacht: Die Zwiebeln schälen und in
Ringe schneiden. Die Knoblauchzehen schälen
und der Länge nach halbieren. Die Möhren
gründlich waschen, schaben, abtrocknen und in
Scheiben schneiden. Die Bohnen putzen, waschen und in Stücke brechen. • Die Butter in einem Topf zerlassen. Die Zwiebeln, die Möhren
und die Bohnen darin unter gelegentlichem Rühren anbraten, bis die Zwiebelringe goldgelb sind.
Mit der Fleischbrühe auffüllen, den Knoblauch
dazugeben. Alles bei schwacher Hitze 30 Minuten kochen lassen. • Inzwischen die Nudeln in
sprudelnd kochendem Salzwasser bißfest kochen, dann in einem Sieb abtropfen lassen. • Die
Zucchini waschen, abtrocknen und in Scheiben
schneiden, dabei die Blüten- und Stielansätze
entfernen. Die Frühlingszwiebeln putzen, waschen und in feine Ringe schneiden. Die Tomaten in einer Schüssel mit kochendheißem Wasser
übergießen, abschrecken, häuten, halbieren und
die grünen Stengelansätze herausschneiden. •
Die vorbereiteten Zutaten und die Erbsen zur
Suppe geben und weitere 10 Minuten köcheln
lassen. • Die Nudeln untermischen. Die Suppe
mit Salz, Pfeffer und Tabascosauce abschmek-
ken, den Käse darüberstreuen.

> **Mein Tip** Gemüsesuppen lassen sich
> gut einfrieren. Es lohnt sich, gleich die
> doppelte oder dreifache Menge zuzuberei-
> ten. Haltbarkeit gut 3 Monate.

Mailänder Gemüsesuppe

Zutaten für 4 Personen:
100 g getrocknete weiße Bohnen · 1 Zwiebel ·
1 Stange Staudensellerie · 2 Eßl. Butter · 1 Eßl.
Olivenöl · 1 Eßl. Tomatenmark · 1½ l
Fleischbrühe · 1 Stange Lauch/Poree ·
2 Möhren · 2 Zucchini · 1 große Kartoffel · etwa
200 g Wirsing · 2 Fleischtomaten · 150 g tiefgefro-
rene Erbsen · 1 Bund Petersilie · 3 frische
Salbeiblätter · 2 Knoblauchzehen · 75 g fetter
Speck · 100 g Langkornreis · Salz · schwarzer
Pfeffer, frisch gemahlen · 4 Eßl. Parmesankäse,
frisch gerieben
Pro Person etwa 2200 kJ/520 kcal
17 g Eiweiß · 26 g Fett · 56 Kohlenhydrate ·
18 g Ballaststoffe

- Einweichzeit: etwa 12 Stunden
- Vorbereitungszeit: etwa 15 Minuten
- Garzeit: etwa 1 Stunde

So wird's gemacht: Die Bohnen über Nacht in
kaltem Wasser einweichen. • Die Zwiebel schälen und feinhacken. Den Sellerie gründlich putzen, waschen, die groben Fäden von oben nach
unten abziehen und den Sellerie in dünne Schei-

ben schneiden. • Die Butter und das Öl in einem Suppentopf erhitzen. Die Zwiebel und den Sellerie darin 5 Minuten anbraten. • Das Tomatenmark mit der Hälfte der Brühe verrühren und in den Topf gießen. Die Bohnen in einem Sieb abtropfen lassen, dazugeben und alles zum Kochen bringen. • Den Lauch putzen, harte grüne Blätter abschneiden. Die Stange warm waschen und in Scheibchen schneiden. Die Möhren schaben. Von den Zucchini die Blüten- und Stielansätze abschneiden. Die Kartoffel schälen. Den Wirsing putzen, den Strunk keilförmig herausschneiden und die Blätter in Streifen schneiden. Die Möhren und Zucchini in Scheiben schneiden, die Kartoffel würfeln. Das kleingeschnittene Gemüse in ein Sieb geben, gut mit kaltem Wasser abbrausen und in den Suppentopf schütten. • Zugedeckt bei schwacher Hitze 30 Minuten kochen lassen. • Die Tomaten mit kochendheißem Wasser überbrühen, dann abschrecken, häuten und achteln, dabei die grünen Stengelansätze herausschneiden. Die Tomaten mit den Erbsen in die Suppe geben. • Die Petersilie und die Salbeiblätter waschen und trockentupfen. Die Knoblauchzehen schälen. Den Speck kleinschneiden. Alle vorbereiteten Zutaten so fein wiegen, daß eine Paste entsteht. Die Speckpaste in die Suppe rühren und mit der restlichen Brühe auffüllen. • Nach etwa 50 Minuten Kochzeit insgesamt den Reis einstreuen und bei mittlerer Hitze bißfest kochen. • Die dicke Suppe mit Salz und Pfeffer würzen. Den Parmesankäse unterrühren und die Suppe sofort servieren.

Minestrone

Bild nebenstehend

Die köstlichen dicken Gemüsesuppen heißen in Italien Minestrone. Sie werden mit einem Stück Weiß- oder Bauernbrot als sättigende Hauptmahlzeit serviert. Alles, was an Gemüse und Kräutern frisch und preiswert auf dem Markt zu haben ist, wandert in den Einkaufskorb und wird zu Hause mit Geschick und Liebe verarbeitet. Es wird Ihnen sicher Spaß machen, eigene Kombinationen zu erfinden.

Zutaten für 4 Personen:
2 Zwiebeln · 2 Knoblauchzehen · 2 große Möhren · 1 Kohlrabi · 125 g Knollensellerie · 200 g grüne Bohnen · 200 g Wirsing · 200 g Blumenkohl · 50 g durchwachsener Speck · 3 Eßl. Olivenöl · 1½ l heiße Fleischbrühe · 125 g Spaghetti · Salz · 2 Tomaten · 125 g tiefgefrorene Erbsen · weißer Pfeffer, frisch gemahlen · 1 Zweig Thymian, frisch gehackt · 2 Stengel Basilikum, frisch gehackt · ½ Bund Petersilie, frisch gehackt · 3 Eßl. trockener Rotwein
Pro Person etwa 1700 kJ/400 kcal
14 g Eiweiß · 16 g Fett · 48 g Kohlenhydrate · 13 g Ballaststoffe

- Vorbereitungszeit: etwa 30 Minuten
- Garzeit: etwa 40 Minuten

So wird's gemacht: Die Zwiebeln und die Knoblauchzehen schälen und feinhacken. Die Möhren schaben und waschen. Vom Kohlrabi die groben Blätter entfernen, die kleinen Innenblättchen abschneiden, feinhacken und zur Seite stellen. Den Kohlrabi schälen. Den Knollensellerie gründlich waschen und schälen. Die Bohnen putzen, waschen, in Stücke brechen. Vom Wirsing die äußeren Blätter entfernen, den Strunk keilförmig herausschneiden. Alle Gemüse kleinschneiden. Den Blumenkohl waschen, in Röschen teilen. Den Speck in Würfel schneiden. •

Gemüsesuppen gibt es in unzähligen Variationen. Viel ▷ frisches Gemüse und frische Kräuter sind das Geheimnis der Minestrone, die ihren Ursprung in Italien hat. Rezept auf dieser Seite.

Das Öl in einem Topf erhitzen. Die Zwiebeln, den Knoblauch und den Speck darin glasig braten. Das zerkleinerte Gemüse dazugeben und unter Rühren 3 Minuten mitbraten. Mit der Fleischbrühe auffüllen und 30 Minuten bei schwacher Hitze kochen lassen. • Inzwischen die Spaghetti in mundgerechte Stücke brechen und in sprudelnd kochendem Salzwasser bißfest kochen, dann auf einem Sieb abtropfen lassen. • Die Tomaten in einer kleinen Schüssel mit kochendheißem Wasser übergießen, dann abschrecken, häuten und vierteln, dabei die grünen Stengelansätze herausschneiden. Die Tomaten und die Erbsen in die Suppe geben und weitere 7 Minuten mitköcheln lassen. • Die Suppe mit Salz und Pfeffer abschmecken. Die Kräuter, die Kohlrabiblättchen und den Rotwein unterrühren, die Spaghetti hinzufügen.

Das paßt zu: frisch geriebener Parmesankäse zum Bestreuen

Pichelsteiner
Bild nebenstehend

Ein von den Alpen bis zur Waterkant beliebter deutscher Eintopf. Namensgeber soll der bei Regen in Bayern gelegene Berg Büschelstein sein. Daher wird das Gericht mancherorts auch Büschelsteiner genannt.

◁ Der Pichelsteiner Eintopf braucht zwar etwas Zeit, aber die Mühe lohnt sich. Die Bilder zeigen (von links nach rechts) alle benötigten Zutaten. Das Gemüse wird zerkleinert, dann das Fleisch gewürfelt und mit dem Speck angebraten. Fleisch und Gemüse werden in den Schmortopf eingeschichtet, eine Lage Kartoffeln bildet den Abschluß. Mit Fleischbrühe begossen, entfaltet der Eintopf beim Schmoren sein kräftig herzhaftes Aroma. Rezept auf dieser Seite.

Zutaten für 4 Personen:
200 g Rindfleisch (Hochrippe) · 200 g Lammfleisch (Schulter oder Keule) · 200 g mageres Schweinefleisch · 2 Stangen Lauch/Porree · 4 mittelgroße Möhren · 1 kleine Sellerieknolle · etwa 350 g Weißkohl · 500 g Kartoffeln · 2 große Zwiebeln · 100 g durchwachsener Speck · 50 g Schweineschmalz · Salz · schwarzer Pfeffer, frisch gemahlen · 1 gehäufter Teel. getrockneter Majoran · 2 Blätter Liebstöckel, frisch grobgehackt · 1 Lorbeerblatt · ½ l heiße Fleischbrühe · 1 Bund Petersilie, frisch gehackt
Pro Person etwa 3500 kJ/830 kcal
39 g Eiweiß · 55 g Fett · 47 g Kohlenhydrate · 25 g Ballaststoffe

● Vorbereitungszeit: etwa 50 Minuten

● Garzeit: etwa 1 Stunde und 30 Minuten

So wird's gemacht: Das Fleisch lauwarm waschen, gut trockentupfen und in etwa 3 cm große Würfel schneiden. • Das Gemüse gründlich putzen und unter fließendem Wasser waschen. Den Lauch in Ringe, die Möhren und den Sellerie in Würfel und den Kohl in Streifen schneiden. Die Kartoffeln schälen und in grobe Würfel schneiden. Die Zwiebeln schälen und grobhacken. Den Speck würfeln. • Das Schweineschmalz in einer Pfanne erhitzen, den Speck und die Zwiebeln darin glasig braten, das Fleisch hinzufügen und bei starker Hitze ringsherum braun braten. • Das Fleisch, das Gemüse und die Kartoffeln lagenweise in einen Schmortopf schichten. Jede Schicht mit etwas Salz, Pfeffer, Majoran und Liebstöckel bestreuen. Mit einer Lage Kartoffeln abschließen. Das Lorbeerblatt darauflegen. Die Fleischbrühe dazugießen. • Alles zum Kochen bringen und zugedeckt bei schwacher Hitze ohne umzurühren in 1 Stunde und 30 Minuten garen. • Das Gericht mit der Petersilie bestreut servieren.

Gärtnerinnentopf

Zutaten für 4 Personen:
1 große Gemüsezwiebel · 150 g kleine
Champignons · 2 dünne Stangen Lauch/Porre ·
1 Stange Staudensellerie · ½ kleine
Sellerieknolle · 500 g Wirsing · 4 Tomaten ·
2–4 Knoblauchzehen · 2 Eßl. Butter · 2 Eßl. Öl ·
etwa ¼ l Fleischbrühe · 1 Stengel Liebstöckel,
frisch gehackt · Salz · weißer Pfeffer, frisch
gemahlen · ½ Bund Petersilie, frisch grobgehackt
Pro Person etwa 1000 kJ/240 kcal
17 g Eiweiß · 26 g Fett · 56 g Kohlenhydrate ·
18 g Ballaststoffe

● Vorbereitungszeit: etwa 20 Minuten
● Garzeit: etwa 30 Minuten

So wird's gemacht: Die Zwiebel schälen und
grobhacken. Die Champignons putzen, waschen
und halbieren. Den Lauch und den Staudensellerie putzen, gründlich waschen und in feine
Scheiben schneiden. Den Knollensellerie schälen, waschen und würfeln. Den Wirsing in Streifen schneiden und in einem Sieb mit kaltem
Wasser abbrausen. Die Tomaten in einer Schüssel mit kochendheißem Wasser überbrühen, häuten und halbieren, dabei die grünen Stengelansätze herausschneiden. Die Knoblauchzehen
schälen. ● Die Butter und das Öl in einem weiten
Topf erhitzen und die Zwiebel und die Pilze darin unter Rühren anbraten, bis die Zwiebel goldgelb ist. Den Lauch, den Sellerie und den Wirsing dazugeben und 2 Minuten mitschmoren
lassen. ● Die Fleischbrühe dazugießen, die Tomaten einlegen. Die Knoblauchzehen durch eine
Knoblauchpresse drücken und mit dem Liebstöckel unterrühren. Das Gericht bei schwacher
Hitze zugedeckt 30 Minuten garen. ● Den Gärt-
nerinnentopf mit Salz und Pfeffer abschmecken
und mit der Petersilie bestreuen.

Hackepeters Gemüsetopf

Zutaten für 4 Personen:
100 g durchwachsener Speck · 2 Zwiebeln ·
2 Knoblauchzehen · 500 g grüne Bohnen ·
2 Zweige frisches Bohnenkraut · 2 Eßl. Öl ·
400 g Schweinehackfleisch · ½ l heiße
Fleischbrühe · 2 rote Paprikaschoten · 250 g
Tomaten · ½ Teel. edelsüßes Paprikapulver ·
2 Salbeiblättchen, frisch gehackt oder 1 Prise ge-
trockneter Salbei · Salz
Pro Person etwa 2300 kJ/550 kcal
27 g Eiweiß · 41 g Fett · 16 g Kohlenhydrate ·
6 g Ballaststoffe

● Vorbereitungszeit: etwa 30 Minuten
● Garzeit: etwa 50 Minuten

So wird's gemacht: Den Speck in kleine Würfel
schneiden. Die Zwiebeln und die Knoblauchzehen schälen und feinhacken. Die Bohnen putzen, waschen und in mundgerechte Stücke brechen. Das Bohnenkraut kurz abbrausen. ● Das
Öl in einer Kasserolle erhitzen, den Speck, die
Zwiebeln und den Knoblauch darin glasig braten. ● Das Hackfleisch dazugeben und unter gelegentlichem Rühren bei mittlerer Hitze anbräu-
nen. Die Bohnen und das Bohnenkraut zum
Hackfleisch geben. Die Fleischbrühe dazugießen
und alles 30 Minuten köcheln lassen. ● Die Paprikaschoten putzen, waschen und in Streifen
schneiden. Die Tomaten mit kochendheißem
Wasser übergießen, häuten und halbieren, die
grünen Stengelansätze entfernen. ● Die Paprikaschoten und die Tomaten zum Hackfleisch geben und weitere 20 Minuten garen. ● Das Bohnenkraut entfernen. Den Gemüsetopf mit den
Gewürzen abschmecken.

Das paßt dazu: Stangenweißbrot

Variante: Italienisches Bohnengemüse

200 g Zwiebelringe und 1 feingehackte Knoblauchzehe in 4 Eßlöffeln Olivenöl hellgelb braten. 750 g in Stücke gebrochene Bohnen und 500 g geschälte Tomaten dazugeben, mit ⅛ Liter Fleischbrühe auffüllen. Zugedeckt bei schwacher Hitze etwa 30 Minuten kochen lassen. Mit Salz und weißem Pfeffer abschmecken. Je 1 Eßlöffel Petersilie und Bohnenkraut und ½ Teelöffel Salbei, alles frisch gehackt darüberstreuen. Ein paar Minuten zugedeckt ziehen lassen. Das Gemüse schmeckt auch kalt ausgezeichnet, wenn es mit Weinessig angemacht wird.

Zucchini-Fisch-Topf

Fischabfälle wie Köpfe, Schwänze, Haut und Gräten packt Ihnen der Händler gratis mit ein. Größere Mengen sollten Sie vorbestellen.

Zutaten für 4 Personen:
1 Bund Suppengrün · etwa 750 g Fischabfälle ·
1 Lorbeerblatt · 10 schwarze Pfefferkörner ·
5 Wacholderbeeren · Salz · 600 g Rotbarschfilet ·
Saft von 1 Zitrone · 750 g Zucchini · 500 g
Kartoffeln · 250 g Zwiebeln · 3 Eßl. Butter ·
1 Eßl. Mehl · etwa 15 Estragonblätter, frisch
grobzerkleinert · weißer Pfeffer, frisch gemahlen
Pro Person etwa 1700 kJ/400 kcal
34 g Eiweiß · 15 g Fett · 36 g Kohlenhydrate ·
3 g Ballaststoffe

● Zubereitungszeit: etwa 55 Minuten

So wird's gemacht: Das Suppengrün putzen, waschen und kleinschneiden. Die Fischabfälle mit kaltem Wasser abbrausen. • Das Suppengrün in einem trockenen Topf 2 Minuten unter Rühren anrösten. Die Fischabfälle, das Lorbeerblatt, die Pfefferkörner und die Wacholderbeeren dazugeben und mit 1½ l Salzwasser auffüllen. • Alles

30 Minuten köcheln lassen, dann abseihen, die Fischbrühe auffangen und zur Seite stellen. • Inzwischen den Fisch waschen, in grobe Würfel schneiden und mit der Hälfte des Zitronensafts beträufeln. Die Zucchini waschen und in Scheiben schneiden, dabei die Blüten- und Stielansätze entfernen. Die Kartoffeln waschen, schälen und würfeln. Die Zwiebeln schälen und in Ringe schneiden. • Die Butter in einer Kasserolle zerlassen und die Zwiebeln darin glasig braten. Das Mehl anstäuben, unter Rühren hellgelb werden lassen. • Die Kartoffeln, die Zucchini und die Fischbrühe hinzufügen, bei schwacher Hitze 10 Minuten kochen. • Die Fischwürfel und den Estragon dazugeben und in 5 Minuten gar ziehen lassen. Die Suppe mit Salz, Pfeffer und dem restlichen Zitronensaft abschmecken.

Blindhuhn

Warum das urwestfälische Gericht ausgerechnet Blindhuhn genannt wird, konnte mir niemand erklären. Huhn ist jedenfalls keines im Topf.

Zutaten für 6 Personen:
200 g getrocknete weiße Bohnen · 500 g durchwachsener Speck · 300 g grüne Bohnen · 300 g Möhren · 300 g Kartoffeln · 200 g säuerliche Äpfel · 200 g feste Birnen · 2 Zwiebeln · 2 Eßl. Butter · Salz · weißer Pfeffer, frisch gemahlen · ½ Bund Petersilie, frisch grobgehackt
Pro Person etwa 3300 kJ/790 kcal
18 g Eiweiß · 59 g Fett · 46 g Kohlenhydrate ·
15 g Ballaststoffe

● Vorbereitungszeit mit Einweichzeit: etwa
  12 Stunden
● Garzeit: etwa 1 Stunde und 40 Minuten

So wird's gemacht: Die weißen Bohnen über Nacht in 2 l kaltem Wasser einweichen. • Die

Bohnen im Einweichwasser mit dem Speck 1 Stunde köcheln lassen. • Die grünen Bohnen putzen, waschen und in grobe Stücke brechen. Die Möhren waschen, schaben und in Scheiben schneiden. Die Kartoffeln waschen, schälen und würfeln. Bohnen, Möhren und Kartoffeln in den Topf geben und 20 Minuten mitkochen lassen. • Die Äpfel und die Birnen schälen, vom Kerngehäuse befreien, in Scheiben schneiden und unter das Gemüse mischen. Alles weitere 20 Minuten garen. • Den Speck herausnehmen und in Würfel schneiden. • Die Zwiebeln schälen und grobhacken. Die Butter in einem Pfännchen zerlassen, die Zwiebeln darin goldbraun braten und mit dem Speck in den Eintopf rühren. Das Gericht mit Salz und Pfeffer abschmecken und mit der Petersilie bestreut servieren.

Pitter und Jupp

Rheinland und Westfalen sind bekannt für ihre deftigen Eintöpfe. Pitter und Jupp heißen dort auch viele Schankkellner, die das notwendige Altbierchen zu den herzhaften Gerichten servieren.

Zutaten für 4 Personen:
500 g Wirsing · 500 g Möhren · 500 g Kartoffeln · 1 Bund Suppengrün · 3 Eßl. Butter · ½ l Fleischbrühe · Salz · weißer Pfeffer, frisch gemahlen · geriebene Muskatnuß · 4 Mettwürste · 1–2 Bund Petersilie, frisch gehackt
Pro Person etwa 3300 kJ/790 kcal
20 g Eiweiß · 62 g Fett · 37 g Kohlenhydrate · 17 g Ballaststoffe

● Vorbereitungszeit: etwa 25 Minuten
● Garzeit: etwa 40 Minuten

So wird's gemacht: Den Wirsing putzen, waschen, vom harten Strunk befreien und in feine Streifen schneiden. Die Möhren waschen, schaben und in grobe Stifte schneiden. Die Kartoffeln schälen, waschen und würfeln. Das Suppengrün putzen, waschen und zerkleinern. • Die Butter in einem Topf heiß werden lassen. Den Wirsing darin unter Rühren etwa 3 Minuten anschmoren. Die Fleischbrühe dazugießen. Die Möhren, die Kartoffeln und das Suppengrün auf den Wirsing schichten. • Den Eintopf bei schwacher Hitze im geschlossenen Topf in etwa 40 Minuten garen. • Das Gemüse grob zerstampfen, mit Salz, Pfeffer und Muskat abschmecken. • Die Würstchen in Scheiben schneiden und mit der Petersilie unter das Gericht mischen. In einer vorgewärmten Terrine servieren.

Birnen, Bohnen und Speck

In diesen Hamburger Eintopf gehören unbedingt die kleinen knüppelharten Augustbirnen (Bergamottebirnen). Süße, saftige Birnen würden hier den typischen Geschmack des Gerichts verfälschen.

Zutaten für 4 Personen:
knapp ¾ l Wasser · 500 g durchwachsener Speck · 1 kg grüne Bohnen · 750 g Kartoffeln · 2 Stengel Bohnenkraut · 500 g kleine Bergamottebirnen · Salz · weißer Pfeffer, frisch gemahlen · ½ Bund Petersilie, frisch gehackt
Pro Person etwa 4500 kJ/1100 kcal
21 g Eiweiß · 83 g Fett · 62 g Kohlenhydrate · 14 g Ballaststoffe

● Zubereitungszeit: etwa 1½ Stunden

So wird's gemacht: Das Wasser zum Kochen bringen. Den Speck einlegen und 20 Minuten köcheln lassen. • Die Bohnen putzen, waschen und in etwa 3 cm lange Stücke brechen. Die Kartoffeln waschen, schälen und in Scheiben schneiden. Beides zum Speck geben. Das Bohnenkraut kurz abbrausen und darauflegen. Alles zusammen weitere 15 Minuten kochen lassen. • Die Birnen waschen, die Blütenansätze herausschneiden. Die ungeschälten Birnen mit dem Stiel in den Topf legen. • Nach weiteren 20 Minuten Kochzeit den Speck herausnehmen und in Scheiben schneiden. • Die Birnen an den Rand einer vorgewärmten Platte legen. Die Bohnen und die Kartoffeln mit Salz und Pfeffer abschmecken. Das Bohnenkraut entfernen, die Petersilie unterrühren. • Das Gemüse zu den Birnen auf die Platte geben, die Speckscheiben darüber verteilen. Nach Geschmack zum Essen mittelscharfen Senf reichen.

Mein Tip Vielfach werden die Kartoffeln nicht mit den Bohnen zusammen gekocht, sondern als Pellkartoffeln extra serviert.

Lauchrisotto

Zutaten für 4 Personen:
500 g Lauch/Porree · 1 Knoblauchzehe · 3 Eßl. Olivenöl · 50 g Butter · etwa 1 l heiße Fleischbrühe · Salz · weißer Pfeffer, frisch gemahlen · 300 g Rundkornreis · 3 Eßl. Parmesankäse, frisch gerieben
Pro Person etwa 1900 kJ/450 kcal
10 g Eiweiß · 19 g Fett · 67 g Kohlenhydrate · 14 g Ballaststoffe

● Vorbereitungszeit: etwa 20 Minuten
● Garzeit: etwa 40 Minuten

So wird's gemacht: Den Lauch putzen, gründlich waschen und abtrocknen. Die Stangen in etwa 3 cm lange Stücke schneiden. Die Knoblauchzehe schälen und sehr fein hacken. • Das Öl und die Hälfte der Butter in einem Topf heiß werden lassen, den Knoblauch und den Lauch dazugeben und 2 Minuten anschmoren. • Etwa $\frac{1}{8}$ l Fleischbrühe angießen und das Gemüse zugedeckt 20 Minuten dünsten. Mit Salz und Pfeffer würzen. • Den Reis unterrühren und so viel Brühe dazugießen, daß alles bedeckt ist. Ohne Deckel köcheln lassen, bis die Flüssigkeit verbraucht ist, dann nach und nach weitere Brühe dazugeben, bis der Risotto nach etwa 20 Minuten gar ist. • Die restliche Butter und den Parmesan untermischen. Sofort servieren.

Zucchinirisotto

Zutaten für 4 Personen:
50 g durchwachsener Speck · 1 Zwiebel · 1 Knoblauchzehe · 500 g kleine Zucchini · 50 g Butter · 300 g Rundkornreis · Salz · weißer Pfeffer, frisch gemahlen · etwa 1 l heiße Fleischbrühe · 1 Bund Petersilie, frisch gehackt · 3 Eßl. Parmesankäse, frisch gerieben
Pro Person etwa 2000 kJ/480 kcal
11 g Eiweiß · 21 g Fett · 67 g Kohlenhydrate · 1 g Ballaststoffe

● Vorbereitungszeit: etwa 20 Minuten
● Garzeit: etwa 35 Minuten

So wird's gemacht: Den Speck kleinwürfeln. Die Zwiebel und die Knoblauchzehe schälen und feinhacken. Die Zucchini waschen, abtrocknen und in Scheiben schneiden, dabei die Blüten- und Stielansätze entfernen. • Die Hälfte der Butter in einem Topf schmelzen, den Speck, die Zwiebel und den Knoblauch darin 3–5 Minuten anbraten. Die Zucchini dazugeben und goldgelb werden lassen. • Den Reis bei schwächster Hitze so lange unterrühren, bis die Körner glasig geworden sind. Mit Salz und Pfeffer würzen und so viel Fleischbrühe dazugießen, daß alles bedeckt ist. Ohne Deckel köcheln lassen. • Wenn die Flüssigkeit verbraucht ist, die restliche Brühe nach und nach dazugießen. • Nach etwa 20 Minuten Kochzeit die restliche Butter, die Petersilie und den Parmesankäse untermischen. Sofort servieren.

Schmorgurken

Gemüse- oder Schmorgurken sind kleiner und dicker als die schlanken Salatgurken. Sie schmecken besonders gut, wenn sie ganz reif, also schon gelblich sind.

Zutaten für 4 Personen:
1 kg Gemüsegurken · 75 g durchwachsener Speck · 1 große Zwiebel · 2 Tomaten · 1 Eßl. Butter · Salz · weißer Pfeffer, frisch gemahlen · ½ Teel. edelsüßes Paprikapulver · je ½ Bund Petersilie und Dill, frisch gehackt · 4–6 Eßl. saure Sahne
Pro Person etwa 900 kJ/210 kcal
5 g Eiweiß · 17 g Fett · 10 g Kohlenhydrate · 12 g Ballaststoffe

- Vorbereitungszeit: etwa 20 Minuten
- Garzeit: etwa 20 Minuten

So wird's gemacht: Die Gurken schälen, der Länge nach halbieren und die Kerne mit einem Löffel herausschaben. Das Gurkenfleisch in dicke Stücke schneiden. • Den Speck würfeln. Die Zwiebel schälen und feinhacken. Die Tomaten in einer kleinen Schüssel mit kochendheißem Wasser übergießen, abschrecken, enthäuten und vierteln, dabei die grünen Stengelansätze heraus-

schneiden. • Die Butter in einem Topf zerlassen. Den Speck und die Zwiebel darin 3 Minuten unter Rühren anbraten. Die Gurken und die Tomaten dazugeben. Das Gericht mit Salz, Pfeffer und dem Paprikapulver würzen und zugedeckt 15 Minuten bei schwacher Hitze schmoren lassen. • Die Petersilie und den Dill mit der sauren Sahne unter das Gemüse mischen. Die Schmorgurken nochmals erhitzen und sofort servieren.

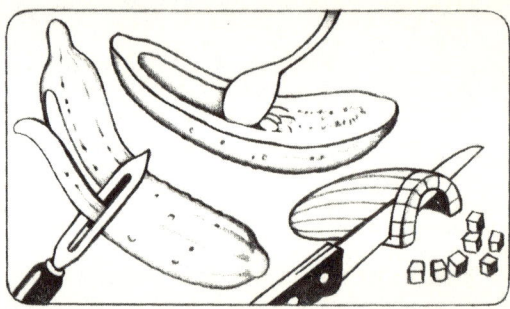

Für die Schmorgurken werden die Früchte geschält, längs halbiert, mit einem Löffel entkernt und in Stücke geschnitten.

Variante: Gurkengulasch
750 g Gemüsegurken schälen, entkernen und in Stücke schneiden. Je 250 g grüne und rote Paprikaschoten halbieren, putzen, waschen und in Streifen schneiden. Je 2 geschälte Zwiebeln und Knoblauchzehen hacken. 125 g durchwachsenen Speck würfeln. Die Speckwürfel ausbraten. Die Zwiebeln und den Knoblauch im Speckfett hellgelb werden lassen. Die Paprikaschoten und die Gurken hinzufügen und einige Minuten mitschmoren lassen. ¼ l Fleischbrühe dazugießen, mit Salz, weißem Pfeffer und edelsüßem Paprikapulver abschmecken, 50 g Tomatenmark einrühren. Das Gericht 20 Minuten bei schwacher Hitze garen. Vor dem Servieren 200 g Crème fraîche oder dicke saure Sahne auf das Gemüse geben und mit etwas Paprikapulver überpudern.

Gemüserisotto

Zutaten für 4 Personen:
2 rote Zwiebeln · 250 g Wirsing · je 1 rote, grüne
und gelbe Paprikaschote · 2 kleine Zucchini ·
3 Eßl. Butter · 250 g Rundkornreis · schwarzer
Pfeffer, frisch gemahlen · ¾ l heiße Fleischbrühe ·
3 Eßl. Parmesankäse, frisch gerieben
Pro Person etwa 1500 kJ/360 kcal
11 g Eiweiß · 8 g Fett · 62 g Kohlenhydrate ·
4 g Ballaststoffe

- Vorbereitungszeit: etwa 20 Minuten
- Garzeit: etwa 25 Minuten

So wird's gemacht: Die Zwiebeln schälen und in
Ringe schneiden. Den Wirsing putzen, waschen
und in Streifen schneiden. Die Paprikaschoten
längs halbieren, Stielansätze, Trennwände und
Kernchen entfernen, die Schoten waschen und
in Streifen schneiden. Die Zucchini waschen, in
Scheiben schneiden, dabei die Stiel- und Blütenansätze entfernen. • Die Butter in einer großen
Pfanne heiß werden lassen, die Zwiebeln und
den Reis darin glasig braten. Den Wirsing, die
Paprikaschoten und die Zucchini dazugeben, etwa 3 Minuten mitschmoren lassen. Mit Pfeffer
würzen. • Die Hälfte der Fleischbrühe dazugießen, vorsichtig umrühren und alles 10 Minuten
bei schwacher Hitze kochen. • Die restliche
Fleischbrühe angießen. • Den Risotto weitere
10 Minuten garen. • Mit dem frisch geriebenen
Parmesankäse bestreuen und sofort servieren.

Gemüse mit Muscheln

Zutaten für 4 Personen:
1½ kg Miesmuscheln · ¼ l Gemüsebrühe · knapp
⅛ l trockener Weißwein · 3 Zwiebeln ·
3 Knoblauchzehen · 500 g Kartoffeln · 500 g
Zucchini · 500 g Tomaten · 3 Eßl. Butter · Salz ·
schwarzer Pfeffer, frisch gemahlen
Pro Person etwa 2300 kJ/550 kcal
51 g Eiweiß · 17 g Fett · 44 Kohlenhydrate ·
6 g Ballaststoffe

- Vorbereitungszeit: etwa 25 Minuten
- Garzeit: etwa 40 Minuten

So wird's gemacht: Die Muscheln sorgfältig unter fließendem Wasser mit einer harten Bürste
abschrubben, die Bärte entfernen, geöffnete Muscheln wegwerfen. • Die Gemüsebrühe mit dem
Weißwein erhitzen, die Muscheln einlegen und
im geschlossenen Topf 5–8 Minuten kochen, bis
sich die Schalen geöffnet haben, dann durch ein
Sieb abgießen, dabei den Sud auffangen. Geschlossene Muscheln fortwerfen. • Die Zwiebeln
und den Knoblauch schälen und in dünne Scheiben schneiden. Die Kartoffeln schälen, waschen
und in Scheiben schneiden. Die Zucchini waschen, in Scheiben schneiden, dabei die Blüten-

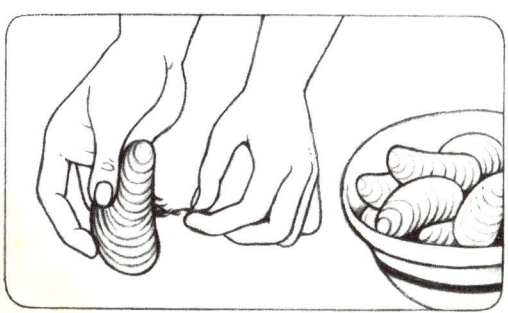

Vor dem Kochen bürstet man die Miesmuscheln sorgfältig unter fließendem Wasser und entfernt die Bärte.

und Stielansätze entfernen. Die Tomaten in einer Schüssel mit kochendheißem Wasser übergießen, häuten und grobwürfeln, dabei die grünen Stengelansätze herausschneiden. • Die Butter in einem Topf erhitzen und die Zwiebeln und den Knoblauch darin hellgelb braten. Die Kartoffeln und die Zucchini hinzufügen und 3 Minuten unter Rühren mitschmoren lassen. • 1 Tasse Muschelsud dazugießen und alles etwa 20 Minuten köcheln lassen. • Die Tomaten und die Muscheln in den Topf geben und heiß werden lassen. Mit Salz und Pfeffer abschmecken.

Gemüse-Naturreis

Bild nebenstehend

Ein würziges, aromatisches und vollwertiges Essen.

Zutaten für 4 Personen:
300 g Natur-Langkornreis · ¾ l heiße Gemüse-
brühe · 1 kleine Zwiebel · ½ Lorbeerblatt ·
2 Gewürznelken · je 1 Messerspitze Kräutersalz
und schwarzer Pfeffer, frisch gemahlen · 2 grüne,
1 gelbe und 1 rote Paprikaschote · 2 kleine
Zucchini · 1–2 Teel. edelsüßes Paprikapulver ·
½ Bund Petersilie, frisch gehackt
Pro Person etwa 470 kJ/110 kcal
8 g Eiweiß · 1 g Fett · 50 g Kohlenhydrate ·
2 g Ballaststoffe

● Vorbereitungszeit: etwa 30 Minuten
● Garzeit: etwa 40 Minuten

So wird's gemacht: Den Reis in einem Sieb unter fließendem lauwarmem Wasser kurz abbrausen. Dann abtropfen lassen und in einen Topf schütten. Die Gemüsebrühe über den Reis gießen. • Die Zwiebel schälen und das Lorbeerblatt mit den beiden Gewürznelken in die Zwiebel stekken. Die Zwiebel zum Reis geben, alles einmal

kräftig aufkochen lassen, das Kräutersalz und den Pfeffer untermischen und anschließend den Reis bei schwacher Hitze in 40 Minuten ausquellen lassen. Falls nötig, gegen Ende der Garzeit etwas Wasser hinzufügen und den Reis dabei mit einer Gabel umrühren. • Die Paprikaschoten von den Stielansätzen, den Trennwänden und Kernen befreien, die Schoten vierteln, gründlich waschen und abtrocknen. Die Schotenviertel in 2 cm breite Streifen schneiden. Die Zucchini waschen, gut trockenreiben, Blüten- und Stielansätze entfernen. Die Zucchini längs halbieren und die Hälften in 2 cm breite und 5 cm lange Streifen schneiden. • Nach 20 Minuten Quellzeit die Paprikaschoten unter den Reis mischen und 10 Minuten vor Ende der Garzeit die Zucchinistückchen hinzufügen. • Die gespickte Zwiebel aus dem Reis nehmen und wegwerfen. Den Gemüsereis mit dem Paprikapulver abschmecken. • Das Reisgericht vor dem Servieren mit der Petersilie bestreuen.

> **Mein Tip** Statt der Paprikaschoten und der Zucchini können Sie den Gemüsereis auch mit Tomatenwürfeln und Auberginenstreifen zubereiten.

▷ Naturreis ist ungeschält und unpoliert, daher sehr mineralstoffreich und kräftig im Geschmack. Die Bilder zeigen (von links nach rechts) das Übergießen des Reises mit Gemüsebrühe, das Würzen mit Zwiebel, Lorbeerblatt und Nelken. In Würfel geschnittene Paprikaschoten und Zucchinistifte werden zugegeben. Zum Schluß wird der Gemüse-Naturreis mit Paprikapulver und viel frischen Kräutern pikant gewürzt. Rezept auf dieser Seite.

Gefüllte Gemüse

Gratinierte Zucchini

Zucchini eignen sich hervorragend zum Gratinieren, da sie rasch gar sind.

Zutaten für 4 Personen:
4 Zucchini von je 200 g · 2 Zwiebeln · 2 Knoblauchzehen · 1 Eßl. Olivenöl · 100 g Leerdamer oder Emmentaler Käse · 400 g gemischtes Hackfleisch · 2 Eßl. Schnittlauchröllchen · 2 Eier · Salz · 2 Teel. edelsüßes Paprikapulver · 4 Eßl. Semmelbrösel · 50 g Butter
Für die Form: Butter oder Öl
Pro Person etwa 2500 kJ/600 kcal
34 g Eiweiß · 43 g Fett · 15 g Kohlenhydrate · 0,5 g Ballaststoffe

- Vorbereitungszeit: etwa 40 Minuten
- Garzeit: etwa 25 Minuten

So wird's gemacht: Die Zucchini waschen und trockenreiben, die Blüten- und Stielansätze abschneiden und die Zucchini längs halbieren. Das Fruchtfleisch mit einem Teelöffel aus jeder Zucchinihälfte herauskratzen, dabei einen etwa 1 cm breiten Rand stehenlassen. Das ausgelöste Zucchinifruchtfleisch kleinschneiden. • Die Zwiebeln schälen und feinwürfeln. Die Knoblauchzehen ebenfalls schälen und sehr klein würfeln. • Das Öl in einer Pfanne erhitzen und die Zwiebel- und Knoblauchwürfel darin unter ständigem Umwenden hellgelb braten. • Den Käse grobraspeln und die Hälfte davon beiseite stellen. • Das Hackfleisch in eine Schüssel geben, mit dem Schnittlauch, der einen Hälfte Käse, den Zwie-

bel- und Knoblauchwürfeln, den Eiern und dem Zucchinifruchtfleisch gründlich mischen, mit Salz und dem Paprikapulver abschmecken. • Den Backofen auf 210° vorheizen. Eine feuerfeste Form mit Butter oder Öl ausstreichen. • Die Zucchinihälften in die Form setzen und mit der Hackfleischmischung füllen. • Den zurückbehaltenen Käse mit den Semmelbröseln mischen und auf die Füllung streuen. • Die Butter in Flöckchen schneiden und diese ebenfalls auf den Zucchinihälften verteilen. • Die Form auf dem Rost auf die zweite Schiene von unten in den Backofen schieben. Die Zucchini etwa 25 Minuten gratinieren, bis die Oberfläche knusprig goldbraun ist.

Das paßt dazu: Eine Sauce aus 4 gehäuteten, pürierten Fleischtomaten, mit wenig Fleischbrühe erhitzt und würzig abgeschmeckt sowie frisches Weißbrot.

Paprikaschoten in Tomatensauce

Zutaten für 4 Personen:
4 große grüne Paprikaschoten von je 200 g · Salz · 1 große Zwiebel · 2 Knoblauchzehen · 100 g Champignons · 2 Eßl. Öl · 400 g gemischtes Hackfleisch · 200 g gegarter Langkornreis · 1 Ei · ½ Teel. getrockneter Rosmarin · 2 Eßl. Petersilie, frisch gehackt · ¼ l heiße Fleischbrühe aus Würfeln · 4 Eßl. Tomatenmark · 100 g saure Sahne · je 1 Prise Zucker und scharfes Paprikapulver
Pro Person etwa 1900 kJ/450 kcal
27 g Eiweiß · 29 g Fett · 25 g Kohlenhydrate · 3 g Ballaststoffe

- Vorbereitungszeit: etwa 20 Minuten
- Garzeit: etwa 40 Minuten

◁ Moussaka ist eines der bekanntesten Gerichte der Mittelmeer-Küche. In diesem Auflauf verbergen sich Zwiebeln, Auberginen, Tomaten, Gurken und Hackfleisch unter einer zarten Haube aus Käse und Bechamelsauce. Rezept Seite 42.

So wird's gemacht: Von den Paprikaschoten die Stielenden als Kappe abschneiden, die Trennwände und Kerne im Inneren entfernen. Die Schoten innen und außen gründlich waschen und trockentupfen. Jede Schote innen leicht salzen. Die Zwiebel und die Knoblauchzehen schälen und beides feinhacken. • Die Champignons putzen, in einem Sieb kurz abbrausen und blättrig schneiden. • Das Öl erhitzen und die Zwiebel- und Knoblauchwürfel unter Umwenden darin glasig braten. Die Champignons und das Hackfleisch hinzufügen und alles unter ständigem Umwenden so lange braten, bis das Hackfleisch seine Farbe verloren hat. • Den Reis, das Ei, den zerriebenen Rosmarin und die Petersilie untermischen. Mit wenig Salz abschmecken. • Die Reismischung in die Paprikaschoten füllen, die Schoten in einen Topf setzen, mit der Fleischbrühe umgießen, die Deckelchen auf die Reisfüllung legen und die Schoten zugedeckt bei schwacher Hitze in 40 Minuten gar dünsten. • Die Schoten aus dem Topf nehmen, auf eine Platte geben und warm halten. • Die Flüssigkeit in dem Topf mit dem Tomatenmark und der sauren Sahne verrühren. Die Sauce mit wenig Salz, dem Zucker und dem Paprikapulver abschmecken und separat zu den Paprikaschoten reichen.

Gefüllte Zucchinipakete

Zutaten für 4 Personen:
400 g junger Spinat · 4 Zucchini von je etwa
250 g · 3 Knoblauchzehen · 100 g milder
Schafkäse · 2 Eßl. Parmesankäse, frisch
gerieben · 4 Eßl. Semmelbrösel · 1 großes Ei ·
2 Eßl. Öl · Salz · weißer Pfeffer, frisch
gemahlen · 8 Scheiben Frühstücksspeck · knapp
⅛ l Fleischbrühe · 3 Eßl. trockener Weißwein
Pro Person etwa 2100 kJ/500 kcal
25 g Eiweiß · 31 g Fett · 27 g Kohlenhydrate ·
4 g Ballaststoffe

- Vorbereitungszeit: etwa 30 Minuten
- Garzeit: etwa 40 Minuten

So wird's gemacht: Den Spinat verlesen und gründlich waschen. Tropfnaß in einen Topf füllen und bei mittlerer Hitze zusammenfallen lassen. In ein Sieb geben und abtropfen lassen. • Die Zucchini waschen, abtrocknen, Blüten- und Stielansätze entfernen und die Zucchini der Länge nach halbieren. • Das Fruchtfleisch vorsichtig mit einem Löffel herauslösen, dabei einen schmalen Rand stehenlassen. Die Knoblauchzehen schälen, das Fruchtfleisch der Zucchini feinhacken und abtropfen lassen. Beides in eine Schüssel geben.

Die vorbereiteten Zucchinihälften werden üppig gefüllt, zusammengesetzt und mit Speckscheiben fest umwickelt.

Den Schafkäse in kleine Würfel schneiden. • Den Spinat, den Parmesankäse, die Semmelbrösel, das Ei und das Öl zur Zucchinimasse in die Schüssel geben, leicht salzen und pfeffern und alles gut verrühren. Die Schafkäsewürfel untermischen. • Die Zucchinihälften mit der Farce füllen und je 2 Hälften zusammensetzen. Mit den Speckstreifen umwickeln und diese mit Zahnstochern feststecken. • Die gefüllten Zucchini nebeneinander in einen breiten Topf legen, mit der Fleischbrühe und dem Wein übergießen und im geschlossenen Topf bei schwacher bis mittlerer Hitze etwa 40 Minuten garen.

Wirsingrouladen mit Fisch

Wirsing einmal anders als gewohnt serviert.

Zutaten für 4 Personen:
1 Kopf Wirsing von etwa 800 g · Salz · 800 g See-
lachs- oder Kabeljaufilets · Saft von ½ Zitrone ·
4 Eßl. Crème fraîche · 2 Eier · 2 Messerspitzen
weißer Pfeffer, frisch gemahlen · 2 Teel. milder
Senf · ½ Teel. getrocknetes Basilikum · 2 Eßl.
Öl · ⅛ l trockener Weißwein · ⅛ l heiße Geflügel-
brühe aus Würfeln
Pro Person etwa 1500 kJ/360 kcal
43 g Eiweiß · 14 g Fett · 9 g Kohlenhydrate ·
8 g Ballaststoffe

● Vorbereitungszeit: etwa 40 Minuten
● Garzeit: etwa 30 Minuten

So wird's gemacht: Vom Wirsing den Strunk
keilförmig herausschneiden. Den Kohl in einzelne Blätter zerlegen, die äußeren, schlechten Blätter entfernen. ● Etwa 2 l Wasser mit Salz zum
Kochen bringen, die Kohlblätter 10 Minuten im
kochenden Wasser blanchieren, dann abtropfen
und auf einem Küchentuch abkühlen lassen. Die
dicken Rippen flachschneiden. ● Die Fischfilets
waschen, trockentupfen und in Würfel schneiden. Die Fischwürfel mit dem Wiegemesser zerkleinern und dann mit dem Zitronensaft, der
Crème fraîche, den Eiern, dem Pfeffer und 1 Teelöffel Senf mischen. ● Das Basilikum zerreiben,
unter die Fischfarce mischen und diese mit Salz
abschmecken. ● Jeweils 2 große Kohlblätter
übereinanderlegen und die Fischfarce darauf
verteilen. Die Blätter seitlich einschlagen und zu
Rollen formen. Die Rollen mit Küchengarn zu-
sammenbinden. ● Das Öl erhitzen und die Wir-
singrollen von allen Seiten darin anbraten. ● Den
restlichen Senf mit dem Weißwein verrühren und

über die Rouladen gießen. Die Rouladen zugedeckt bei schwacher Hitze in 30 Minuten gar
dünsten. ● Die restlichen Kohlblätter kleinschneiden und in der Geflügelbrühe in 20 Minuten garen. Den Kohl salzen und mit den Kohl-
rouladen servieren.

Das paßt dazu: Petersilienkartoffeln oder körnig
gekochter Reis

Mangoldrollen mit Schafkäse

Für alle, die gerne einmal etwas Ausgefallenes
probieren möchten.

Zutaten für 4 Personen:
12 große unbeschädigte Mangoldblätter, etwa
400 g · 1 Teel. Salz · 2 Knoblauchzehen · 300 g
Schafkäse (möglichst korsischer) · 4 Eigelb · 200 g
Crème fraîche · weißer Pfeffer, frisch gemahlen ·
4 Eßl. trockener Weißwein · ⅛ l Geflügelbrühe aus
Würfeln · 2 Eßl. Olivenöl
Pro Person etwa 1700 kJ/400 kcal
17 g Eiweiß · 33 g Fett · 7 g Kohlenhydrate ·
4 g Ballaststoffe

● Vorbereitungszeit: etwa 30 Minuten
● Garzeit: etwa 25 Minuten

So wird's gemacht: Die Mangoldblätter unter
fließendem warmem Wasser gründlich waschen,
trockentupfen und die dicken Rippen flachschneiden. ● Etwa 2 l Wasser mit dem Salz zum
Kochen bringen. Die Mangoldblätter ins kochende Wasser geben und 10 Minuten blanchieren. Die Blätter anschließend in einem Sieb abtropfen und auf einem Küchentuch abkühlen
lassen. ● Die Knoblauchzehen schälen und sehr

klein hacken. • Den Schafkäse kleinschneiden, mit einer Gabel zerdrücken und mit den Eigelben, 4 Eßlöffeln Crème fraîche, dem Knoblauch und Pfeffer zu einer cremigen Masse verrühren. • Jeweils 4 Mangoldblätter aufeinanderlegen, die Käsecreme darauf verteilen und die Mangoldblätter seitlich über die Käsefüllung schlagen. Die Blätter mit der Füllung aufrollen und mit der Nahtseite nach unten in eine genügend große Pfanne legen. • Den Weißwein mit der Geflügelbrühe und dem Olivenöl mischen und über die Mangoldrollen gießen. • Die Mangoldrollen zugedeckt bei schwacher Hitze 10 Minuten sacht kochen lassen. • Die Mangoldrollen in eine vorgewärmte Schüssel geben. Den Sud mit der restlichen Crème fraîche verrühren und stark einkochen lassen. • Die Sauce über die Mangoldrollen gießen und servieren.

Das paßt dazu: Frisch aufgebackenes Stangenweißbrot oder Kartoffelpüree

Auberginen auf türkische Art gefüllt

Ein beliebtes türkisches Rezept.

Zutaten für 4 Personen:
4 Auberginen von je 200 g · 2 Eßl. Zitronensaft · 2 Zwiebeln · 4 mittelgroße Tomaten · 1 Bund Petersilie · 400 g gemischtes Hackfleisch (je 200 g vom Lamm und vom Rind) · 4 Eßl. gegarter Langkornreis · Salz · ½ Teel. Rosenpaprikapulver · ⅛ l heiße Gemüsebrühe
Pro Person etwa 1500 kJ/360 kcal
25 g Eiweiß · 21 g Fett · 20 g Kohlenhydrate · 9 g Ballaststoffe

● Vorbereitungszeit: etwa 1 Stunde
● Garzeit: etwa 35 Minuten

So wird's gemacht: Die Auberginen waschen, trockenreiben und die Stielansätze abschneiden. Von den Auberginen der Länge nach das obere Drittel als Deckel abschneiden. Die Schnittflächen mit dem Zitronensaft beträufeln. • Die unteren Teile der Auberginen mit einem Teelöffel aushöhlen und das ausgehöhlte Fruchtfleisch ebenfalls mit Zitronensaft beträufeln und kleinhacken. • Die Zwiebeln schälen und in Würfel schneiden. Die Tomaten mit kochendheißem Wasser übergießen, dann abschrecken und häuten. Die Tomaten in Würfel schneiden und dabei die grünen Stielansätze entfernen. Die Petersilie waschen, trockenschleudern, von groben Stielen befreien und feinhacken. • Das Hackfleisch mit dem Reis, der Petersilie, den Zwiebel- und Tomatenwürfeln, dem ausgehöhlten Auberginenfleisch, etwas Salz und dem Paprikapulver mischen und in die ausgehöhlten Auberginen füllen. • Die Auberginen nebeneinander in einen großen flachen Topf legen und die Deckel wieder aufsetzen. • Die Gemüsebrühe zu den Auberginen gießen. • Die Auberginen mit einem Teller beschweren, den Topf zudecken und die Auberginen in 30 Minuten gar dünsten.

Das paßt dazu: Frisches Weißbrot

Wirsingwickerl

Zutaten für 4 Personen:
1 Kopf Wirsing von etwa 800 g · Salz · 1 große Zwiebel · 500 g gemischtes Hackfleisch · 2 Eier · 3 Eßl. Semmelbrösel · 1 Bund Petersilie, frisch gehackt · weißer Pfeffer, frisch gemahlen · 1 Prise geriebene Muskatnuß · 75 g fetter Speck · 1 Eßl. Öl · ¼ l heiße Fleischbrühe · 1 Teel. Tomatenmark
Pro Person etwa 2700 kJ/640 kcal
36 g Eiweiß · 48 g Fett · 20 g Kohlenhydrate · 8 g Ballaststoffe

- Vorbereitungszeit: etwa 35 Minuten
- Garzeit: etwa 30 Minuten

So wird's gemacht: Vom Wirsingkohl den Strunk keilförmig herausschneiden. Äußere, schlechte Blätter entfernen. Vorsichtig 8 schöne große Blätter lösen und waschen. • Die Blätter in kochendem Salzwasser 2–3 Minuten blanchieren, dann in eiskaltem Wasser abschrecken und abtropfen lassen. Die dicken Rippen flachschneiden. • Die Zwiebel schälen und feinhacken. • Aus dem Hackfleisch, den Eiern, den Semmelbröseln, der Zwiebel und der Petersilie einen

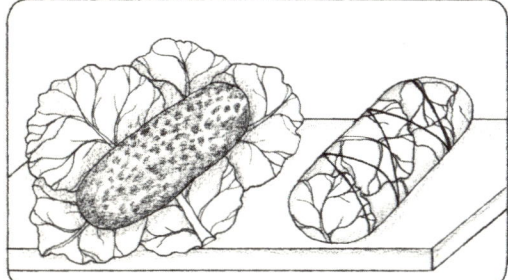

Für die Wirsingwickerl wird die Füllung auf jeweils zwei sich überlappende Blätter verteilt. Dann werden die Blätter seitlich über der Füllung eingeschlagen, fest aufgerollt und mit Küchengarn umwickelt.

Fleischteig kneten, mit Salz, Pfeffer und dem Muskat würzig abschmecken. • Jeweils 2 Wirsingblätter übereinanderlegen und die Fleischfüllung darauf verteilen. Die Blätter seitlich etwas einschlagen, fest aufrollen, mit Küchengarn umwickeln und zubinden. • Den Speck in Würfel schneiden. • Das Öl in einer Kasserolle erhitzen und die Speckwürfel darin glasig braten. Die Wirsingwickerl in dem Fett von allen Seiten anbraten. • Die Fleischbrühe mit dem Tomatenmark mischen und in die Kasserolle einrühren. • Die Wirsingwickerl zugedeckt etwa 30 Minuten schmoren lassen. Vor dem Servieren das Küchengarn entfernen.

Nudelnest mit Spinat

Zutaten für 4 Personen:
250 g Nudeln (Hörnchen, Spiralen oder Makkaroni) · Salz · 2 Eßl. Öl · 1 kg Spinat · 200 g gekochter Schinken im Stück ohne Fettrand · weißer Pfeffer, frisch gemahlen · geriebene Muskatnuß · 200 g Crème fraîche · 1 gehäufter Eßl. Tomatenmark · 2 Eier · 50 g Emmentaler Käse, frisch gerieben · 1 Eßl. Semmelbrösel · 3 Eßl. Butter
Für die Form: Butter
Pro Person etwa 3600 kJ/860 kcal
35 g Eiweiß · 53 g Fett · 58 g Kohlenhydrate · 10 g Ballaststoffe

- Vorbereitungszeit: etwa 25 Minuten
- Garzeit: etwa 50 Minuten

So wird's gemacht: Die Nudeln in reichlich sprudelnd kochendem Salzwasser 8 Minuten kochen. In ein Sieb abgießen, abtropfen lassen und in einer Schüssel mit dem Öl gut vermischen. • Den Spinat putzen, gründlich waschen. In kochendem Salzwasser 2 Minuten blanchieren, dann in ein Sieb schütten und abtropfen lassen. • Den Schinken feinwürfeln. Den Spinat grobhacken, die Schinkenwürfel untermischen und mit Salz, Pfeffer und Muskat würzen. • Eine feuerfeste Form ausfetten. Die Hälfte der Nudeln hineingeben, den Spinat darauf verteilen und die restlichen Nudeln als breiten Rand in die Form geben. • Die Crème fraîche mit dem Tomatenmark, den Eiern und dem Käse (1 Eßlöffel zurückbehalten) verquirlen, mit Salz und Pfeffer abschmecken. Diese Mischung über den Auflauf gießen. • Den restlichen Käse mit den Semmelbröseln mischen und darüberstreuen. Die Butter in Flöckchen dicht daraufsetzen. • Den Auflauf auf die mittlere Schiene des Backofens schieben, die Temperatur auf 200° einschalten und das Nudelnest etwa 50 Minuten backen.

Aufläufe, Soufflés und Gratins

Überbackener Blumenkohl

Bild Seite 10

Zutaten für 4 Personen:
1 Blumenkohl von etwa 800 g · 150 g Hirse · ½ l
Wasser · 1 Teel. Salz · 150 g roher Schinken ohne
Fettrand · 50 g Butter · 2 Eier · 1 Eßl. Speise-
stärke · 100 g Sahne · 2 Eßl. Schnittlauch-
röllchen · 1 Messerspitze Cayennepfeffer ·
4 Eßl. Semmelbrösel
Für die Form: Butter
Pro Person etwa 2500 kJ/600 kcal
21 g Eiweiß · 36 g Fett · 49 g Kohlenhydrate ·
7 g Ballaststoffe

● Vorbereitungszeit: etwa 30 Minuten
● Garzeit: etwa 20 Minuten

So wird's gemacht: Den Blumenkohl in Röschen
teilen, gut in warmem Wasser waschen und die
Röschen, wenn nötig, putzen. Grobe Strünke
von den Röschen abschneiden und in kleinere
Stücke schneiden. • Die Hirse mit dem Wasser,
dem Salz und dem Blumenkohl zugedeckt bei
mittlerer Hitze etwa 15 Minuten kochen, dann
vom Herd nehmen und im geschlossenen Topf
noch 5 Minuten nachgaren lassen. • Die Hirse
mit dem Blumenkohl in einem Sieb abtropfen
lassen, und den Kochsud auffangen. • Den
Backofen auf 200° vorheizen. Eine Auflaufform
mit Butter ausstreichen. • Den Schinken in Streifen, die Butter in Flöckchen schneiden. • Die Eier in Eigelb und Eiweiß trennen. Das Eiweiß zu
steifem Schnee schlagen. • Die Speisestärke mit
der Sahne verrühren, zum Kochsud geben und
diesen einmal unter Rühren aufkochen lassen.
Das Eigelb, die Schnittlauchröllchen und den
Cayennepfeffer unter die Sahnesauce rühren. •
Die Hirse mit dem Blumenkohl in die Auflaufform geben und die Sahnesauce darübergießen. • Die Semmelbrösel über den Auflauf streu-
en und die Butterflöckchen darauf verteilen. •
Den Auflauf auf dem Rost auf der mittleren
Schiene im Ofen 20 Minuten überbacken.

Das paßt dazu: Vollkorncracker oder Vollkorn-
toast

Blumenkohl wird in kleine, gleichgroße Röschen ge-
teilt. Den Strunk schneidet man in kleine Stücke und
gibt ihn zu den Röschen.

Möhrenauflauf

Bild 2. Umschlagseite

Zutaten für 6 Personen:
1 kg Möhren · Salz · 800 g Kartoffeln ·
3 Eßl. Butter · 4 Eßl. Mehl · je ¼ l Milch und
Fleischbrühe · 200 g Emmentaler Käse, frisch
gerieben · weißer Pfeffer, frisch gemahlen ·
2 Bund Schnittlauch, frisch kleingeschnitten ·
2 Eßl. Basilikumblätter, frisch grobgehackt · 200 g
gekochter Schinken im Stück ohne Fettrand ·
150 g durchwachsener Speck · 1 Eßl. Öl
Für die Form: Butter
Pro Person etwa 3000 kJ/710 kcal
26 g Eiweiß · 40 g Fett · 59 g Kohlenhydrate ·
26 g Ballaststoffe

● Vorbereitungszeit: etwa 45 Minuten
● Garzeit: etwa 30 Minuten

So wird's gemacht: Die Möhren putzen, waschen, gründlich schaben und in Scheiben schneiden. In wenig Salzwasser bei schwacher Hitze 20 Minuten kochen, dann abtropfen lassen. • Die Kartoffeln gründlich waschen, in der Schale nicht zu weich kochen, schälen und in Scheiben schneiden. • Die Butter in einem Topf erhitzen und das Mehl darin unter Rühren goldgelb werden lassen. Nach und nach die Milch und die Fleischbrühe unterrühren und einige Minuten durchköcheln lassen. Den Käse untermengen, mit Salz und Pfeffer abschmecken und die frischen Kräuter untermischen. • Den Schinken und den Speck getrennt kleinwürfeln. • Das Öl in einem Pfännchen erhitzen und den Speck darin glasig braten. • Eine Auflaufform einfetten. Den Backofen auf 200–220° vorheizen. • Die Möhren, die Kartoffeln und die Schinkenwürfel abwechselnd in die Form schichten, die Käse-Kräuter-Sauce darübergießen und die Speckwürfel darauf verteilen. • Den Auflauf auf dem Rost auf der mittleren Schiene des Backofens 30 Minuten überbacken.

Sommerauflauf mit Nudeln

Zutaten für 4 Personen:
200 g Vollkornnudeln · Salz · 700 g
Lauch/Porree · 700 g Tomaten · 3 Eßl. Butter ·
2 Becher Mager-Joghurt (je 100 g) · 2 Eier ·
je 1 Eßl. Petersilie, Dill und Basilikum, frisch
gehackt · weißer Pfeffer, frisch gemahlen · 2 Eßl.
Semmelbrösel
Für die Form: Butter
Pro Person etwa 1800 kJ/430 kcal
20 g Eiweiß · 14 g Fett · 57 g Kohlenhydrate ·
27 g Ballaststoffe

● Vorbereitungszeit: etwa 25 Minuten
● Garzeit: etwa 40 Minuten

So wird's gemacht: Die Nudeln in kochendem Salzwasser 8 Minuten garen. In ein Sieb gießen und abtropfen lassen. • Den Lauch putzen, in etwa 5 cm lange Stücke schneiden und gründlich waschen. Die Tomaten mit kochendheißem Wasser überbrühen, häuten, vierteln, dabei die grünen Stengelansätze herausschneiden. • Den Lauch in der Hälfte der Butter mit wenig Wasser bei schwacher Hitze 5 Minuten dünsten. • Eine feuerfeste Form mit Butter ausstreichen und die Nudeln, den Lauch und die Tomaten einschichten. • Den Joghurt mit den Eiern und den Kräutern verquirlen, mit Salz und Pfeffer abschmecken. Die Joghurtsauce über die Gemüse-Nudel-Mischung gießen. • Die Form mit einem Deckel oder mit Alufolie verschließen, auf den Rost auf die mittlere Schiene des kalten Backofens schieben, auf 200° schalten und den Auflauf 30 Minuten garen. • Den Deckel oder die Folie entfernen. • Die Semmelbrösel und die restliche Butter in Flöckchen über den Auflauf streuen und weitere 10 Minuten backen.

Gratinierter Fenchel auf Püree

Für Anhänger der Küche des Mittelmeerraumes.

Zutaten für 4 Personen:
1 kg mehligkochende Kartoffeln · Salz · ¼ l
Wasser · 800 g Fenchel · 3/16 l Milch · geriebene
Muskatnuß · 50 g Butter · 2 Eßl. Mehl · ⅛ l warme Milch · weißer Pfeffer, frisch gemahlen ·
10 Eßl. Parmesankäse frisch gerieben
Für die Form: Butter
Pro Person etwa 2100 kJ/500 kcal
19 g Eiweiß · 22 g Fett · 56 g Kohlenhydrate ·
9 g Ballaststoffe

● Zubereitungszeit: etwa 1 Stunde und 40 Minuten

37

So wird's gemacht: Die Kartoffeln unter fließendem Wasser gründlich bürsten, mit einem Sparschäler schälen und alle Keimansätze ausstechen. Die geschälten Kartoffeln noch einmal abspülen und in nicht zu große gleichmäßige Stücke schneiden. • Die Kartoffeln mit 1 Teelöffel Salz und dem Wasser in einen Topf geben und zugedeckt zunächst bei mittlerer, später bei schwacher Hitze in etwa 25 Minuten gut weich kochen. • Inzwischen die Fenchelknollen putzen, waschen und in Viertel oder Achtel schneiden. Das zarte Fenchelgrün feinhacken und zugedeckt beiseite stellen. • Den Fenchel mit Salz und so viel Wasser, daß das Gemüse gerade bedeckt ist, im geschlossenen Topf 40 Minuten sacht kochen lassen. • Die Kartoffeln abgießen und etwas ausdämpfen lassen. • Die Milch zum Kochen bringen und mit Salz und Muskat würzen. • Die Kartoffeln mit einem Kartoffelstampfer zerdrücken und mit dem Schneebesen nach und nach die Milch unter die Kartoffelmasse rühren. • Eine feuerfeste Form mit Butter ausstreichen und das Kartoffelpüree in die Form streichen. Den Backofen auf 220° vorheizen. • Den Fenchel abgießen, ¼ l vom Kochsud abmessen und aufbewahren. • Die Hälfte der Butter zerlassen, das Mehl hineinstäuben und unter Umrühren hellgelb anbraten. Mit dem Kochsud aufgießen, zum Kochen bringen, die Milch hinzufügen und alles unter Rühren 10 Minuten schwach kochen lassen. Die Sauce mit Salz und Pfeffer abschmecken. • Den Fenchel auf das Kartoffelpüree legen und mit der Sauce übergießen. Den Käse über die Fenchelknollen streuen und die restliche Butter in Flöckchen daraufsetzen. • Den Fenchel im Backofen auf dem Rost auf der mittleren Schiene in 10 bis 15 Minuten goldgelb überbacken. Den fertigen Auflauf mit dem Fenchelgrün bestreuen und sofort servieren.

Das paßt dazu: ein frischer Salat mit Tomaten, Gurken, Knoblauch und Kopfsalat

Spinatsoufflé

Zutaten für 4 Personen:
1 kg Spinat · Salz · 6 Schalotten · 2 Eßl. Öl
Für die Sauce: 3 Eßl. Butter · 4 Eßl. Mehl ·
⅛ l Milch · 1 Eßl. Sardellenpaste · 50 g Parmesankäse, frisch gerieben · 1 Prise Cayennepfeffer ·
6 Eier
Für die Form: Butter
Pro Person etwa 1900 kJ/450 kcal
27 g Eiweiß · 30 g Fett · 19 g Kohlenhydrate ·
10 g Ballaststoffe

● Vorbereitungszeit: etwa 35 Minuten
● Garzeit: etwa 40 Minuten

So wird's gemacht: Den Spinat putzen, waschen und in sprudelnd kochendem Salzwasser 2 Minuten blanchieren. In ein Sieb gießen und gut abtropfen lassen, dann sehr fein hacken. Die Schalotten schälen und feinhacken. • Das Öl in einer Kasserolle erhitzen und die Schalotten darin glasig braten. Den Spinat dazurühren, 1 Minute mitschmoren lassen. Die Mischung beiseite stellen. • Für die Sauce die Butter in einem Topf zerlassen, das Mehl hinzufügen und hellgelb anbraten. Die Milch unter ständigem Rühren nach und nach hinzufügen. Mit der Sardellenpaste würzen. Den Topf vom Herd nehmen und den Käse untermischen, mit dem Cayennepfeffer abschmecken. • Die Eier in Eiweiß und Eigelb trennen. Das Eigelb verquirlen und unter die Sauce ziehen. Den Spinat unterrühren und die Mischung eventuell mit Salz nachwürzen. • Eine hohe Souffléform einfetten. Den Backofen auf 180° vorheizen. • Das Eiweiß zu steifem Schnee schlagen und unter die Spinatmischung heben. • Die Masse in die Form füllen, die Oberfläche glattstreichen und das Soufflé auf der mittleren Schiene des Ofens in 40 Minuten goldbraun backen und sofort servieren.

Tomatensoufflé

Zutaten für 4 Personen:
800 g reife Fleischtomaten · ½ Bund Petersilie ·
1 Knoblauchzehe · 1 Eßl. Öl · 4 Eßl. Speise-
stärke · 4 Eier · 50 g gemahlene Mandeln · 4 Eßl.
Tomatenmark · Salz · 2 Teel. Zucker · je 1 gute
Messerspitze geriebene Muskatnuß und
Cayennepfeffer
Für die Form: Butter
Pro Person etwa 1200 kJ/290 kcal
12 g Eiweiß · 17 g Fett · 20 g Kohlenhydrate ·
7 g Ballaststoffe

● Vorbereitungszeit: etwa 30 Minuten
● Garzeit: etwa 40 Minuten

So wird's gemacht: Die Tomaten in einer Schüssel mit kochendheißem Wasser überbrühen,
dann abschrecken und häuten. Die Tomaten
würfeln und dabei die grünen Stielansätze entfernen. • Die Tomaten in einen Topf geben und
zugedeckt bei schwacher Hitze 5 Minuten dünsten. • Die Petersilie waschen, trockenschleudern, von groben Stielen befreien und kleinschneiden. • Die gedünsteten Tomaten durch ein
Sieb streichen und das Tomatenpüree in zwei
Hälften teilen. • Die Knoblauchzehe schälen,
durch die Knoblauchpresse drücken und in die
eine Hälfte der Tomatenmasse einrühren. • Das
Öl erhitzen. Die ungewürzte Hälfte des Tomaten-
pürees mit der Speisestärke verrühren, unter
Rühren im heißen Öl einmal aufkochen lassen
und vom Herd nehmen. • Die Eier in Eigelbe
und Eiweiße trennen. Die Eigelbe und das
Knoblauch-Tomatenpüree mit dem heißen Pü-
ree mischen, die Mandeln und das Tomatenmark
unterrühren. Mit Salz, dem Zucker, dem Muskat
und dem Cayennepfeffer würzen. • Den Backofen auf 200° vorheizen. Die Souffléform mit
Butter ausstreichen. • Die Eiweiße mit 1 Prise
Salz zu steifem Schnee schlagen und unter die

Tomatenmasse heben. • Die Soufflémasse in die
Form füllen (sie soll etwa zu ⅔ ihrer Höhe gefüllt
sein). Das Soufflé auf der zweiten Schiene von
unten im Backofen in 40 Minuten backen und
sofort servieren.

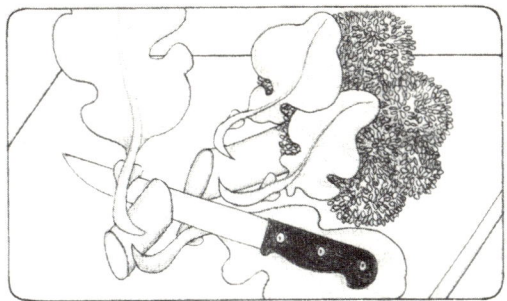

Damit der Broccoli gleichmäßig weich wird, schneidet
man die etwas gröberen Stiele in kleine Stücke und gibt
sie mit den Röschen ins Kochwasser.

Broccolisoufflé

Dieses Soufflé sollte man in Portionsförmchen
backen.

Zutaten für 4 Personen:
800 g Broccoli · 2 l Wasser · 1 Teel. Salz · 2 Eßl.
Speisestärke · 5 Eßl. Crème fraîche · 3 Eier · 50 g
Parmesankäse, frisch gerieben
Für die Förmchen: Butter
Pro Person etwa 1200 kJ/290 kcal
17 g Eiweiß · 18 g Fett · 13 g Kohlenhydrate ·
8 g Ballaststoffe

● Vorbereitungszeit: etwa 45 Minuten
● Garzeit: etwa 30 Minuten

So wird's gemacht: Den Broccoli waschen, putzen, in Röschen und Stiele teilen. Die Stiele schälen und in Stücke schneiden. • Das Wasser mit
dem Salz zum Kochen bringen. Den Broccoli

10 Minuten darin kochen lassen. In ein Sieb mit einer Schüssel darunter geben und abtropfen lassen. • Die Speisestärke mit der Crème fraîche verrühren. • Den Broccoli portionsweise mit dem Wiegemesser zerkleinern, mit der angerührten Crème fraîche und etwas Kochsud mischen und einmal aufkochen lassen. • Die Eier in Eigelb und Eiweiß trennen. Das Eigelb unter das Broccolipüree mischen. • Den Backofen auf 200° vorheizen. Die Souffléförmchen mit Butter ausstreichen. • Das Eiweiß mit 1 Messerspitze Salz zu steifem Schnee schlagen und mit dem Parmesankäse unter das Broccolipüree heben. • Die Broccolimasse in die Souffléförmchen füllen, die Oberfläche glattstreichen und auf dem Rost auf der mittleren Schiene im Backofen 30 Minuten backen. • Das Soufflé sofort nach dem Backen in den Förmchen servieren.

Das paßt dazu: Knuspriges Stangenweißbrot

Überbackener Chicorée

Ausgezeichnet zum Verwöhnen von Freunden geeignet.

Zutaten für 4 Personen:
4 mittelgroße Stauden Chicorée · 1½ l Wasser · Salz · 1 Eßl. Zitronensaft · 400 g gehacktes Schweinefilet · 2 Eßl. Butter · 4 Eßl. Semmelbrösel · 4 Eßl. Crème fraîche · edelsüßes Paprikapulver, · 3 Eßl. Butter · 1 Eßl. Mehl · ¼ l heiße Geflügelbrühe · ⅛ l Sahne · 1 Prise geriebene Muskatnuß · weißer Pfeffer, frisch gemahlen · 4 dünne Scheiben gekochter Schinken ohne Fettrand (etwa 100 g) · 2 Eigelb · 6 Eßl. Goudakäse, frisch gerieben
Pro Person etwa 3000 kJ/710 kcal
34 g Eiweiß · 57 g Fett · 12 g Kohlenhydrate · 0 g Ballaststoffe

● Vorbereitungszeit: etwa 45 Minuten
● Garzeit: etwa 10 Minuten

So wird's gemacht: Von den Chicoréestauden die Wurzelenden etwas kürzen und jeweils einen Keil aus dem Strunk herausschneiden, da in ihm Bitterstoffe enthalten sind. Die Stauden waschen, abtrocknen und welke äußere Blätter entfernen. • Das Wasser mit 1 Teelöffel Salz und dem Zitronensaft zum Kochen bringen. Den Chicorée ins kochende Wasser legen und zugedeckt 10 Minuten leicht kochen lassen. • Das Hackfleisch in der Butter unter Umwenden 5 Minuten anbraten. Dann mit den Semmelbröseln und der Crème fraîche vermengen, mit Salz und Paprikapulver pikant abschmecken. • Die Chicoréestauden nach Ende der Kochzeit aus dem Wasser nehmen und auf einem Sieb abtropfen lassen. • Die Butter in einem Topf zerlassen, das Mehl hineinstäuben und unter Umrühren hellgelb anbraten. Nach und nach die Geflügelbrühe hinzufügen und unter Rühren die Sauce 10 Minuten leicht kochen lassen. Die Sauce mit der Sahne, dem Muskat, Salz und Pfeffer abschmecken. • Den Backofen auf 200° vorheizen. • Die Chicoréestauden der Länge nach halbieren und jeweils 1 Hälfte mit der Hackfleischmischung belegen. Die andere Hälfte auf die Füllung legen und jede Staude mit 1 Schinkenscheibe umwickeln. • Die gefüllten Chicoréestauden in eine feuerfeste Form legen. Die Sahnesauce mit dem Eigelb verrühren und über die Chicoréestauden gießen. Den Käse darüberstreuen und den Chicorée im Backofen auf dem Rost auf der mittleren Schiene in etwa 10 Minuten goldgelb überbacken.

Das paßt dazu: Salzkartoffeln oder Pellkartoffeln und ein frischer grüner Salat

Elsässischer Sauerkrautauflauf

Zutaten für 4 Personen:
3 Zwiebeln · 2 Knoblauchzehen · 500 g Schweine-
nacken · 4 Knoblauchwürste (Rauchenden) ·
500 g Kartoffeln · 100 g durchwachsener Speck
in dünnen Scheiben · 1 kg Sauerkraut ·
4 Wacholderbeeren · 1 Lorbeerblatt ·
4 Gewürznelken · schwarzer Pfeffer, frisch
gemahlen · ⅛ l trockener Weißwein · ¼ l Geflügel-
brühe aus Würfeln
Pro Person etwa 4900 kJ/1200 kcal
50 g Eiweiß · 88 g Fett · 36 g Kohlenhydrate ·
8 g Ballaststoffe

● Vorbereitungszeit: etwa 40 Minuten
● Garzeit: etwa 3 Stunden

So wird's gemacht: Die Zwiebeln und die Knoblauchzehen schälen und beides feinwürfeln. •
Den Schweinenacken kalt abbrausen, trockentupfen, in kleine Würfel schneiden und dabei alle Häutchen und Sehnen entfernen. Die Knoblauchwürste mit einer Gabel rundherum mehrmals einstechen. Die Kartoffeln unter fließendem Wasser gründlich bürsten und schälen. Die
Kartoffeln dann in etwa ½ cm dicke Scheiben
schneiden. • Den Backofen auf 180° vorheizen.
Eine feuerfeste Form, möglichst mit Deckel, mit
der Hälfte der Speckscheiben auslegen. • Die
Hälfte des Sauerkrauts auf die Speckscheiben legen. 2 Wacholderbeeren, das Lorbeerblatt, 2 Gewürznelken und Pfeffer darüberstreuen. Die
Kartoffelscheiben auf das Kraut legen, darüber
die Fleischwürfel, die Knoblauchwürste, die
Zwiebeln und den Knoblauch verteilen. • Das
restliche Sauerkraut mit 2 Wacholderbeeren und
2 Gewürznelken auf das Fleisch füllen und den
Auflauf mit den restlichen Speckscheiben bedek-
ken. • Den Weißwein und die Geflügelbrühe
über das Kraut gießen und die Form schließen;
hat die Form keinen Deckel, so wird sie mit dop-
pelt gefalteter Alufolie verschlossen. • Den Auflauf auf dem Rost auf der zweiten Schiene von
unten im Backofen in 3 Stunden garen.

Dicke-Bohnen-Auflauf

Zutaten für 4 Personen:
2 kg dicke Bohnen · 2 Zweige Bohnenkraut ·
250 g durchwachsener Speck · 250 g sehr kleine
Zwiebeln oder Schalotten · 2 Eßl. Schmalz · ¼ l
Sahne · Salz · weißer Pfeffer, frisch gemahlen
Für die Form: Schmalz
Pro Person etwa 3700 kJ/880 kcal
18 g Eiweiß · 72 g Fett · 38 g Kohlenhydrate ·
16 g Ballaststoffe

● Vorbereitungszeit: etwa 30 Minuten
● Garzeit: etwa 30 Minuten

So wird's gemacht: Die Bohnen aus den Schoten
lösen. Das Bohnenkraut kurz abbrausen. • Die
Bohnenkerne in einen Topf geben, knapp mit
Wasser bedecken und mit dem Bohnenkraut
25 Minuten bei schwacher Hitze kochen. Dann
in einem Sieb abtropfen lassen und das Bohnenkraut entfernen. • Den Speck in feine Streifen
schneiden. Die Zwiebeln oder die Schalotten
schälen. • Das Schmalz in einer Pfanne erhitzen
und die Zwiebeln darin rundherum goldgelb
braten. • Eine feuerfeste Form mit Schmalz ausstreichen. Den Backofen auf 175° vorheizen. •
Lagenweise die Bohnen, die Zwiebeln und den
Speck in die Form schichten. Die Sahne mit Salz
und Pfeffer verquirlen und über die Bohnen-Mi-
schung gießen. • Den Auflauf zugedeckt auf der
mittleren Schiene 30 Minuten im Ofen backen.

Das paßt dazu: Grilltomaten und Salzkartoffeln

Moussaka
Bild Seite 30

Einer der beliebtesten Gemüse-Aufläufe des Balkans.

Zutaten für 6 Personen:
2 große Zwiebeln · 1 kg Auberginen · Salz ·
5 Fleischtomaten · 400 g Salatgurke · 3 Eßl.
Olivenöl · 600 g gemischtes Hackfleisch (halb
Rind, halb Kalb) · ¼ l trockener Weißwein · wei-
ßer Pfeffer, frisch gemahlen · je ½ Teel. getrockne-
ter Rosmarin und Thymian · 50 g Butter · 4 Eßl.
Mehl · ¾ l warme Milch · Salz · 50 g Greyerzer
Käse, frisch gerieben
Für die Form: Olivenöl
Pro Person etwa 2500 kJ/600 kcal
31 g Eiweiß · 38 g Fett · 24 g Kohlenhydrate ·
5 g Ballaststoffe

● Vorbereitungszeit: etwa 50 Minuten
● Garzeit: etwa 30 Minuten

So wird's gemacht: Die Zwiebeln schälen und in Würfel schneiden. Die Auberginen unter warmem Wasser gründlich abwaschen und trockenreiben. Die Früchte dann der Länge nach in ½ cm dicke Scheiben schneiden. Jede Scheibe mit etwas Salz bestreuen, die Scheiben aufeinanderlegen und etwas durchziehen lassen. ● Die Tomaten mit kochendheißem Wasser überbrühen, dann abschrecken und häuten. Die Tomaten in nicht zu kleine Stücke schneiden, dabei die grünen Stielansätze entfernen. ● Die Salatgurke ebenfalls warm waschen, trockenreiben und in etwa 2 cm große Würfel schneiden. ● Das Oliven öl in einer genügend großen Pfanne erhitzen. Die Zwiebelwürfel im Öl glasig braten, das Hackfleisch hinzufügen und unter Umwenden leicht bräunen lassen. Den Weißwein, Salz, Pfeffer, den Rosmarin und den Thymian untermischen und alles vom Herd nehmen. ● Eine Auflaufform mit Olivenöl ausstreichen. ● Die Auberginenscheiben trockentupfen und mit der halben Menge davon den Boden der Form auslegen. Die Tomaten- und Gurkenwürfel mit dem Hackfleisch mischen und auf die Auberginenscheiben verteilen. Zum Schluß die zweite Hälfte der Auberginenscheiben in die Form schichten. ● Die Butter in

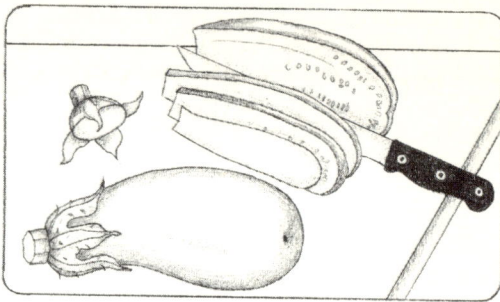

Besonders interessant sieht die Moussaka aus, wenn die Auberginen längs in Scheiben geschnitten werden.

einem Topf zerlassen. Das Mehl hineinstäuben, unter Umrühren hellgelb anbraten und nach und nach unter ständigem Rühren die Milch dazugießen. Die Sauce zum Kochen bringen, mit Salz abschmecken und zugedeckt bei schwacher Hitze 10 Minuten leicht kochen lassen. ● Den Backofen auf 220° vorheizen. ● Den Käse unter die Sauce rühren und diese über den Auflauf gießen. Die Moussaka auf der untersten Schiene im Backofen 30 Minuten überbacken.

Mein Tip Die Moussaka mit der Hälfte der Auberginen und 1 kg Kartoffeln zubereiten. Die Kartoffelscheiben werden roh in einer Pfanne angebraten und als unterste Lage in die Form gegeben.

Lauchwähe

Bild Seite 48

Zutaten für eine Wähen- oder Springform von
28 cm Ø :
Für den Teig: 250 g Mehl · 1 Ei · 3 Eßl. saure
Sahne · 150 g Butter · 1 Teel. Salz
Für den Belag: 100 g durchwachsener Speck ·
750 g Lauch/Porree · 1 Bund Frühlingszwiebeln ·
1 Eßl. Butter · je 60 g Emmentaler und Greyerzer
Käse, frisch gerieben · 1 Eßl. Mehl · 200 g saure
Sahne · Salz · schwarzer Pfeffer, frisch
gemahlen · geriebene Muskatnuß · edelsüßes
Paprikapulver
Bei 12 Stücken pro Stück etwa 1300 kJ/310 kcal
8 g Eiweiß · 21 g Fett · 20 g Kohlenhydrate ·
7 g Ballaststoffe

- Vorbereitungszeit: etwa 45 Minuten
- Backzeit: etwa 40 Minuten

So wird's gemacht: Das Mehl auf die Arbeitsfläche sieben. In die Mitte eine Mulde drücken, das Ei und die saure Sahne hineingeben. Die Butter auf den Mehlrand schneiden, das Salz darüberstreuen. Alles mit einem Messer durchhacken, dann mit kühlen Händen zu einem geschmeidigen Teig kneten. Den Teig kühl stellen. • Den Speck kleinwürfeln. Den Lauch und die Frühlingszwiebeln gründlich putzen, waschen und in feine Scheiben schneiden. Die harten grünen Blattenden vom Lauch großzügig abschneiden, das Zwiebelgrün mitverwenden. • Die Butter in einer Pfanne erhitzen, den Speck darin auslassen, dann herausnehmen. Den Lauch und die Zwiebeln in der Pfanne glasig braten, dabei eventuell noch etwas Butter dazugeben. • Den Teig auf der bemehlten Arbeitsfläche ausrollen. Den Boden und den Rand der Form damit auslegen, den Teig mehrfach mit einer Gabel einstechen. • Den Backofen auf 200° vorheizen. • Den Käse und das Mehl mit der sauren Sahne gut

verquirlen, mit Salz, Pfeffer, Muskat und Paprikapulver kräftig abschmecken. • Die Lauch-Zwiebelmischung und den Speck auf dem Teigboden verteilen und die Käsesahne darübergießen. • Die Wähe auf dem Rost auf der mittleren Schiene des Backofens etwa 40 Minuten backen. Heiß servieren.

Französischer Tomatenkuchen

Ein Gewürztraminer paßt hervorragend zu diesem Gericht

Zutaten für eine Springform von 26/28 cm Ø :
300 g tiefgefrorener Blätterteig · 500 g reife
Tomaten · 3 Eier · Salz · weißer Pfeffer, frisch
gemahlen · 1 Teel. Basilikum, frisch gehackt ·
5 Eßl. Crème fraîche · 1 Eßl. geschmolzene
Butter · 6 Eßl. Greyerzer Käse, frisch gerieben
Bei 12 Stücken pro Stück etwa 730 kJ/170 kcal
5 g Eiweiß · 13 g Fett · 10 g Kohlenhydrate ·
1 g Ballaststoffe

- Vorbereitungszeit: etwa 40 Minuten
- Backzeit: etwa 25 Minuten

So wird's gemacht: Den Blätterteig nach Vorschrift auf der Packung auftauen lassen. • Die Tomaten mit kochendem Wasser überbrühen, dann abschrecken und häuten. Die Tomaten würfeln; dabei die grünen Stielansätze entfernen. • Den Blätterteig auf einer bemehlten Arbeitsfläche etwas größer als der Durchmesser der Form zu einem Kreis ausrollen. • Den Backofen auf 200° vorheizen. • Eine Springform mit kaltem Wasser ausspülen und die Teigplatte in die noch nasse Form legen. Den Rand leicht andrücken und den Teigboden mit einer Gabel mehrmals einstechen, damit sich beim Backen keine

Blasen bilden können. • Die Eier mit Salz, Pfeffer und dem Basilikum verquirlen, die Crème fraîche, die Butter und die Tomatenwürfel untermischen und die Masse auf dem Blätterteig verteilen. • Den Käse über den Kuchen streuen und diesen auf dem Rost auf der mittleren Schiene im Backofen in etwa 25 Minuten goldbraun bakken; die Backhitze nach etwa 5 Minuten auf 180° reduzieren. • Sollte die Eimasse gegen Ende der Backzeit zu dunkel werden, den Kuchen mit Alufolie oder Butterbrotpapier abdecken. • Den Tomatenkuchen heiß servieren.

Broccoli-Quiche

Broccoli ist der grüne Verwandte des Blumenkohls. Im Geschmack etwas herber, schmeckt er besonders gut als Tortenbelag mit einer milden Sauce überbacken.

Zutaten für eine Springform von 26 cm ∅ :
Für den Teig: 250 g Mehl · 1 Ei · 1 Prise Zucker ·
½ Teel. Salz · 125 g Butter
Für die Füllung: 750 g Broccoli ·
1 Knoblauchzehe · Salz · 200 g Kasseler ·
2 Eier · 200 g Sahne · 75 g Emmentaler Käse,
frisch gerieben · schwarzer Pfeffer, frisch
gemahlen · geriebene Muskatnuß
Für die Form: Butter
Bei 12 Stücken pro Stück etwa 1400 kJ/330 kcal
11 g Eiweiß · 23 g Fett · 19 g Kohlenhydrate ·
3 g Ballaststoffe

* Vorbereitungszeit einschließlich Ruhezeit: etwa 1 Stunde 35 Minuten
* Backzeit: etwa 50 Minuten

So wird's gemacht: Das Mehl auf die Arbeitsfläche sieben, in die Mitte eine Mulde drücken und das Ei, den Zucker und das Salz hineingeben. Die Butter in Flöckchen auf den Mehlrand

schneiden. Alles mit einem Messer krümelig hakken, dann mit kühlen Händen zu einem glatten Teig kneten. Den Teig in Alufolie wickeln und 1 Stunde im Kühlschrank ruhen lassen. • Den Broccoli putzen, waschen und in Röschen teilen. Die Knoblauchzehe schälen und halbieren. • Salzwasser mit der Knoblauchzehe zum Kochen bringen und den Broccoli darin etwa 8 Minuten blanchieren. Herausnehmen, in ein Sieb geben und abtropfen lassen. • Das Kasseler in Streifen schneiden. • Die Form einfetten. Den Backofen auf 200° vorheizen. • Die Arbeitsfläche mit Mehl bestäuben und den Mürbeteig darauf ausrollen. Den Boden und den Rand der Form mit der Teigplatte auslegen und den gut abgetropften Broccoli auf den Teigboden verteilen. Die Kasselerstreifen darübergeben. • Die Eier mit der Sahne verquirlen, den Käse unterrühren und mit wenig Salz, Pfeffer und Muskat würzen. Die Eiersahne über die Füllung gießen. • Die Quiche auf dem Rost auf der mittleren Schiene im Backofen etwa 50 Minuten backen. Heiß servieren.

Variante: Broccoli-Torte
300 g tiefgefrorenen Blätterteig nach Anweisung auf der Packung auftauen lassen, ausrollen und eine mit kaltem Wasser ausgespülte Springform von 24 cm Durchmesser damit auslegen. Den Teig mit einer Gabel mehrmals einstechen, damit er beim Backen keine Blasen wirft. Die blanchierten Broccoliröschen gut abgetropft auf den Teigboden verteilen, mit 2 Eßlöffeln Semmelbröseln bestreuen und mit einer gut verquirlten Mischung aus 4 Eiern, 200 g Sahne, Salz, Muskat und Zitronensaft übergießen. Die Form auf dem Rost auf die mittlere Schiene im Backofen schieben. Den Backofen auf 225° schalten und die Torte etwa 40 Minuten backen. Warm oder kalt servieren.

Lauchkuchen nach Schwyzer Art

Bild Umschlag-Vorderseite

Zutaten für eine Springform von 28 cm ⌀ :
Für den Teig: 250 g Mehl · 1 Eigelb · 3 Eßl. eiskaltes Wasser · 1 Prise Salz · 125 g kalte Butter
Für die Füllung: 1 kg Lauch/Porree · Salz ·
½ Tasse trockener Weißwein · 100 g
Schinkenspeck · 4 Tomaten · 2 Eier · 1 Eigelb ·
⅛ l Sahne · Salz · weißer Pfeffer, frisch
gemahlen · 1 Eßl. Semmelbrösel
Für die Form: Butter
Bei 12 Stücken pro Stück etwa 1300 kJ/310 kcal
7 g Eiweiß · 21 g Fett · 23 g Kohlenhydrate ·
10 g Ballaststoffe

- Vorbereitungszeit: etwa 45 Minuten
- Backzeit: etwa 40 Minuten

So wird's gemacht: Das Mehl auf die Arbeitsfläche sieben. In die Mitte eine Mulde drücken und das Eigelb, 1 Eßlöffel Wasser und das Salz hineingeben. Die Butter auf den Mehlrand schneiden. Mit einem Messer alle Zutaten hacken, bis sie bröselig sind. Dann schnell mit kühlen Händen alles verkneten, dabei das restliche Wasser hinzufügen. • Die Springform einfetten. Die Arbeitsfläche mit Mehl bestäuben und den Teig darauf ausrollen. Die Form mit der Teigplatte auslegen, einen Rand formen und kühl stellen. • Den Lauch putzen, gründlich waschen und in 5 cm große Stücke schneiden. Etwas Salzwasser mit dem Wein zum Kochen bringen und die Lauchstücke darin bei schwacher Hitze 10 Minuten ziehen lassen. Dann in ein Sieb abgießen und gut abtropfen lassen. • Den Schinkenspeck würfeln. Die Tomaten häuten und in Achtel schneiden, dabei die grünen Stengelansätze entfernen. • Die Eier, das Eigelb und die Sahne verquirlen, mit Salz und Pfeffer würzen. • Den

Backofen auf 200° vorheizen. • Den Teigboden mit den Semmelbröseln bestreuen, den Lauch, die Schinkenspeckwürfel und die Tomatenachtel darauf verteilen, mit der Eiersahne übergießen. • Den Kuchen auf dem Rost auf der mittleren Schiene im Backofen etwa 40 Minuten backen. Heiß oder warm servieren.

Pizza Margherita

Ideal für die unkomplizierte Gästebewirtung.

Zutaten für 6 Personen:
Für den Teig: 400 g Mehl · 20 g Hefe · ⅛–¼ l lauwarmes Wasser · ½ Teel. Salz
Zum Belegen: 500 g sehr reife Tomaten · 300 g
Mozzarellakäse · 100 g Parmesankäse · Salz ·
schwarzer Pfeffer, frisch gemahlen · 1 Teel. getrockneter Oregano · 6 Eßl. Olivenöl
Für das Backblech: Olivenöl
Pro Person etwa 2200 kJ/520 kcal
25 g Eiweiß · 21 g Fett · 53 g Kohlenhydrate ·
2 g Ballaststoffe

- Vorbereitungszeit einschließlich Ruhezeit: etwa 1 Stunde und 30 Minuten
- Backzeit: etwa 30 Minuten

So wird's gemacht: Das Mehl in eine Schüssel sieben, eine Mulde hineindrücken und die Hefe hineinbröckeln. Die Hefe mit etwas Mehl und lauwarmem Wasser zu einem Brei verrühren. Diesen Hefevorteig mit Mehl bestäuben und zugedeckt so lange gehen lassen, bis sich auf der Mehloberfläche feine Risse zeigen. • Den Hefevorteig dann mit dem restlichen Mehl, dem Salz und noch so viel Wasser verkneten, bis ein fester, aber geschmeidiger Teig entsteht. Den Teig so lange kneten und schlagen, bis er Blasen wirft. Den Hefeteig zugedeckt bei Raumtemperatur so lange gehen lassen, bis er sein Volumen verdoppelt hat. • Die Tomaten in einer Schüssel mit kochendheißem Wasser übergießen, dann abschrecken und häuten. Die grünen Stielansätze entfernen und die Tomaten in Scheiben schneiden. • Den Backofen auf 220° vorheizen. Das Backblech mit Öl bestreichen. • Den Mozzarellakäse in Scheiben schneiden. Den Parmesankäse reiben. • Den gegangenen Hefeteig auf einer bemehlten Arbeitsfläche in der Größe des Backblechs ausrollen und auf das Backblech legen. • Die Tomatenscheiben abwechselnd mit den Mozzarellascheiben auf den Teig legen und die Tomatenscheiben mit Salz und Pfeffer bestreuen. Den Parmesankäse und den getrockneten Oregano über die gesamte Pizza streuen und diese mit dem Olivenöl beträufeln. • Die Pizza auf der mittleren Schiene im Backofen etwa 30 Minuten backen.

Gemüsekuchen aus Umbrien

Bild nebenstehend

Man braucht etwas Geduld für diesen aufwendigen Kuchen, aber das Ergebnis lohnt die Mühe.

Zutaten für eine Springform von 28 cm ∅ :
Für den Teig: 200 g Mehl · ½ Teel. Salz · 100 g kalte Butter · 1 Eßl. kaltes Schmalz · 3–4 Eßl. eiskaltes Wasser
Für die Füllung: 50 g Walnußkerne · 2 mittelgroße Stangen Lauch/Porree · 1 Teel. Salz · 400 g Auberginen · 300 g Zucchini · 4 Eßl. Olivenöl · 1 Bund Petersilie · 50 g Parmesankäse, frisch gerieben · Salz · schwarzer Pfeffer, frisch gemahlen · 1 Teel. edelsüßes Paprikapulver
Für die Sauce: 5 Eßl. Mager-Joghurt · 4 Eßl. Sahne · 2 Eigelb · 1 Eßl. Mehl · ½ Teel. Salz
Für die Form: Butter

Bei 8 Stücken pro Stück etwa 1800 kJ/430 kcal 10 g Eiweiß · 29 g Fett · 29 g Kohlenhydrate · 9 g Ballaststoffe

● Vorbereitungszeit einschließlich Ruhezeit: etwa 2 Stunden
● Backzeit: etwa 50 Minuten

So wird's gemacht: Das Mehl mit dem Salz mischen und auf die Arbeitsplatte sieben. Die Butter und das Schmalz in Flöckchen darüberschneiden und alles mit einem Messer unter das Mehl hacken. Dann mit möglichst kalten Händen das Fett mit dem Mehl verkneten und so viel Wasser hinzufügen, daß ein glatter geschmeidiger Teig entsteht. Den Teig in Alufolie einwickeln und 1 Stunde im Kühlschrank ruhen lassen. • Die Walnüsse grobhacken. Den Lauch gründlich putzen, grüne harte Blätter großzügig abschneiden. Die Stangen warm waschen und in etwa daumendicke Stücke schneiden. • Die Lauchstücke mit dem Salz in einen Topf geben, mit kochendheißem Wasser übergießen und 3 Minuten blanchieren. Den Lauch dann in ein Sieb schütten, mit kaltem Wasser abschrecken und abtropfen lassen. • Die Auberginen und die Zucchini waschen, gründlich trockenreiben und die Stiel- und Blütenansätze abschneiden. Die Früchte in 1 cm dicke Scheiben schneiden. • Das Öl in einer großen Pfanne erhitzen und zuerst die Zucchini und dann die Auberginen darin unter Umwenden anbraten. Das Gemüse danach getrennt beiseite stellen und abkühlen lassen. • Die Petersilie warm waschen, trockenschleudern, die groben Stiele entfernen und die Blättchen hacken. • Die Arbeitsfläche mit Mehl bestäuben

Der appetitliche Anblick und unvergleichliche Geschmack des Gemüsekuchens aus Umbrien lohnt die aufwendige Zubereitung. Hauptzutaten sind Lauch, Auberginen, Zucchini und Walnüsse. Rezept auf dieser Seite. ▷

und ⅔ des Mürbeteiges darauf möglichst dünn ausrollen. Die Springform ausfetten und den Boden der Springform mit dem Teig auslegen. Einen etwa 2 Finger breiten Rand aus dem Teig formen. Den Boden mehrmals mit einer Gabel einstechen. • Das Gemüse abwechselnd auf den Teigboden schichten und jede Lage jeweils mit Nüssen, Petersilie, etwas Käse, Salz, Pfeffer und Paprikapulver bestreuen. • Den Joghurt mit der Sahne, dem Eigelb, dem Mehl und dem Salz verquirlen und über das Gemüse gießen. Alles mit einem Löffel leicht zusammendrücken und mit dem restlichen Käse bestreuen. • Den Backofen auf 200° vorheizen. • Den restlichen Teig ausrollen, zu Streifen rädeln und diese gitterartig über die Gemüsefüllung legen. • Den Kuchen auf dem Rost auf der zweiten Schiene von unten im Backofen 50 Minuten backen. Heiß servieren.

Feine Erbsenwähe mit Lachsschinken

In Frankreich wird der Schinken durch Gänseleber ersetzt und der Dill durch Trüffel. Diese weniger kostspielige Variante wird Ihnen aber bestimmt auch vorzüglich schmecken.

Zutaten für eine Wähen- oder Springform von 28 cm ⌀ :
Für den Teig: 200 g Mehl · ½ Teel. Salz · 100 g weiche Butter · 3–4 Eßl. eiskaltes Wasser
Zum Belegen: 600 g frische ausgehülste oder tiefgefrorene Erbsen · 1 Bund Dill · 200 g

◁ Wähen sind pikante Kuchen, die besonders in der Schweiz beliebt sind. Die saftige Lauchwähe mit Speck und Sahne ist ein leichtes abwechslungsreiches Abendessen. Rezept Seite 43.

Lachsschinken · 3 Eier · 2 Teel. Mehl · 100 g Crème fraîche · Salz · weißer Pfeffer, frisch gemahlen
Für die Form: Butter
Bei 12 Stücken pro Stück etwa 1200 kJ/290 kcal 10 g Eiweiß · 19 g Fett · 20 g Kohlenhydrate · 3 g Ballaststoffe

● Vorbereitungszeit einschließlich Ruhezeit: etwa 1 Stunde und 30 Minuten
● Backzeit: etwa 35 Minuten

So wird's gemacht: Das Mehl mit dem Salz mischen und auf die Arbeitsplatte häufen. Die Butter in Flöckchen über das Mehl schneiden. Die Butter und das Mehl mit möglichst kalten Händen rasch zusammenkneten und dabei so viel Wasser hinzufügen, daß ein glatter geschmeidiger Teig entsteht. • Den Teig zu einer Kugel formen, in Alufolie einschlagen und im Kühlschrank 30 Minuten ruhen lassen. • Frische Erbsen mehrmals in stehendem lauwarmem Wasser waschen und auf einem Tuch abtropfen lassen. Tiefgefrorene Erbsen aus der Verpackung nehmen, in ein Sieb geben und mit heißem Wasser kurz überbrausen. • Den Dill abbrausen, trockenschleudern, die groben Stengel entfernen und die Dillspitzen mit einer Schere kleinschneiden. Den Lachsschinken würfeln. • Die Eier mit dem Mehl und der Crème fraîche verquirlen, mit Salz und Pfeffer würzen. • Den Mürbeteig auf der leicht bemehlten Arbeitsfläche zu einem Kreis von etwa 30 cm Durchmesser ausrollen. • Den Backofen auf 220° vorheizen. Die Form mit Butter ausstreichen. • Den Mürbeteig in die Form legen und den Rand leicht andrücken. Den Kuchenboden mit einer Gabel mehrmals einstechen, damit er beim Backen keine Blasen wirft. • Die Erbsen mit den Schinkenwürfeln mischen, auf dem Teigboden verteilen und mit dem Dill bestreuen. • Die Eiercreme über die Erbsen gießen und die Wähe auf dem Rost auf der mittleren Schiene etwa 35 Minuten backen.

Griechische Spinatpitta

Zutaten für 8 Personen:
300 g tiefgefrorener Blätterteig · 1 kg Spinat ·
1 l Wasser · Salz · 1 Bund Frühlingszwiebeln ·
2 Knoblauchzehen · 50 g Butter · weißer Pfeffer,
frisch gemahlen · geriebene Muskatnuß · 200 g
Feta-Schafkäse · 4 Eier · 6 Eßl. Semmelbrösel
Zum Bestreichen: 2 Eigelb
Pro Person etwa 1600 kJ/380 kcal
17 g Eiweiß · 23 g Fett · 24 g Kohlenhydrate ·
5 g Ballaststoffe

● Vorbereitungszeit: etwa 1 Stunde
● Backzeit: etwa 50 Minuten

So wird's gemacht: Den Blätterteig nach Vorschrift auf der Packung auftauen lassen. • Den
Spinat putzen, gründlich waschen. Das Wasser
mit etwas Salz zum Kochen bringen, den Spinat
hineinschütten und 4 Minuten darin blanchieren. Den Spinat dann in ein Sieb schütten und
abtropfen lassen. Den Spinat grobhacken. • Die
Frühlingszwiebeln putzen, gründlich waschen
und in feine Ringe schneiden. Die Knoblauchzehen schälen und sehr klein hacken. • Die Butter in einer Pfanne zerlassen, die Knoblauch-
stückchen und die Zwiebelringe darin glasig
braten. • Die Pfanne von der Herdplatte nehmen, den Spinat hinzufügen und mit Salz, Pfeffer und Muskat würzen. • Den Käse in kleine
Würfel schneiden. Die Eier verquirlen und mit
den Semmelbröseln und den Käsewürfeln unter
den Spinat mischen. • Den Backofen auf 200°
vorheizen. Ein Backblech kalt abspülen. • Den
Blätterteig halbieren. Aus der einen Hälfte eine
Teigplatte etwas größer als das Blech ausrollen.
Das Backblech damit so belegen, daß rundherum ein gleichmäßiger Rand überhängt. • Die
Spinatmasse auf dem Blätterteig verteilen und
die überhängenden Ränder über der Füllung einschlagen. • Die restliche Teigplatte in der Größe
des Bleches ausrollen und auf die Füllung legen.
In die obere Teigplatte mit einer Gabel mehrere
Löcher einstechen, damit der Dampf abziehen
kann. • Das Eigelb mit 1 Eßlöffel Wasser verquirlen und den Spinatkuchen damit bestreichen. • Die Pitta auf dem Rost auf der zweiten
Schiene von unten im Backofen 50 Minuten bakken und heiß servieren.

Selleriekuchen aus Ligurien

Zutaten für eine Springform von 28 cm ⌀ :
Für den Teig: 200 g Mehl · 60 g Schmalz · knapp
⅛ l Wasser · ½ Teel. Salz
Zum Belegen: 700 g Staudensellerie · 1 l Wasser ·
Salz · 2 Zwiebeln · 100 g Parmesankäse ·
6 Eier · 2 Eßl. Sahne · weißer Pfeffer, frisch
gemahlen · geriebene Muskatnuß
Für die Form: Schmalz
Bei 12 Stücken pro Stück etwa 860 kJ/200 kcal
9 g Eiweiß · 12 g Fett · 16 g Kohlenhydrate ·
2 g Ballaststoffe

● Vorbereitungszeit: etwa 50 Minuten
● Backzeit: etwa 40 Minuten

So wird's gemacht: Das Mehl in eine Schüssel
sieben. Das Schmalz, das Wasser und das Salz
hinzufügen und alle Zutaten zunächst mit einem
Rührlöffel, dann mit den Händen verkneten. •
Die Springform ausfetten. Zwei Drittel des Tei-
ges in die Form geben und zu einem runden Boden auseinanderdrücken. Aus dem restlichen
Teig eine Rolle formen, diese auf den Teigboden
legen und am Rand der Form gleichmäßig andrücken. Die Form mit einem Tuch zudecken
und in den Kühlschrank stellen. • Den Sellerie
gründlich waschen, trockenreiben, die grünen
Blätter und den Wurzelansatz abschneiden. Von

den Stangen die dicken Fäden längs abziehen. Die Stangen in Scheibchen schneiden. • Das Wasser mit etwas Salz zum Kochen bringen und die Selleriestückchen darin 5 Minuten blanchieren. Dann in ein Sieb gießen und abtropfen lassen. • Die Zwiebeln schälen und kleinwürfeln. Den Parmesankäse reiben. • Den Backofen auf 220° vorheizen. • Die Eier mit der Sahne verquirlen, den Parmesankäse, die Selleriescheibchen und die Zwiebelwürfel unterrühren, mit Salz, Pfeffer und Muskat abschmecken. • Die Füllung auf den Teigboden in die Form geben und die Oberfläche glattstreichen. • Den Kuchen auf dem Rost auf der mittleren Schiene im Backofen 40 Minuten backen und heiß servieren.

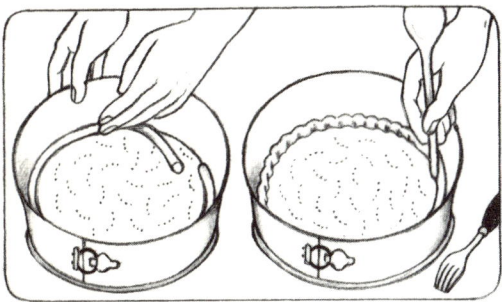

Für den Rand wird der restliche Teig zur Rolle geformt, in die Springform gelegt und am Rand gleichmäßig angedrückt.

Chicoréekuchen

Zutaten für eine Springform von 26/28 cm ⌀ :
Für den Teig: 250 g Mehl · ½ Teel. Salz · 1 Ei ·
125 g Butter
Zum Belegen: 4 mittelgroße Stauden Chicorée ·
2 große Tomaten · 100 g Mozzarellakäse · 250 g
Garnelen, frisch gegart · 3 Eier · 4 Eßl. Crème
fraîche · ½ Teel. getrockneter Thymian · Salz
Für die Form: Butter

Bei 12 Stücken pro Stück etwa 1100 kJ/260 kcal 11 g Eiweiß · 16 g Fett · 17 g Kohlenhydrate · 1 g Ballaststoffe

● Vorbereitungszeit einschließlich Ruhezeit: etwa 1 Stunde und 15 Minuten
● Backzeit: etwa 35 Minuten

So wird's gemacht: Das Mehl mit dem Salz auf die Arbeitsplatte häufen. In die Mitte eine Mulde drücken und das Ei hineingeben. Die Butter in Flöckchen auf dem Mehlrand verteilen. Alle Zutaten mit einem Messer krümelig hacken, dann mit kühlen Händen zu einem glatten geschmeidigen Teig kneten. Den Teig in Alufolie einschlagen und 30 Minuten im Kühlschrank ruhen lassen. • Den Chicorée waschen, abtrocknen und die äußeren schlechten Blätter entfernen. Die Stauden der Länge nach halbieren, den Strunk keilförmig herausschneiden und die Stauden in Streifen schneiden. • Die Tomaten mit kochendheißem Wasser übergießen, dann abschrecken, häuten und in Würfel schneiden, dabei die grünen Stielansätze entfernen. Den Mozzarellakäse würfeln. • Die Garnelen mit den Tomaten und dem Chicorée mischen. • Die Eier trennen. Das Eigelb mit der Crème fraîche und dem Thymian verquirlen. • Das Eiweiß mit etwas Salz zu steifem Schnee schlagen. • Den Backofen auf 200° vorheizen. Die Springform fetten. • Den Mürbeteig auf der leicht bemehlten Arbeitsfläche zu einem Kreis von etwa 32 cm Durchmesser ausrollen und den Boden und den Rand der Springform damit auslegen. Den Rand etwas andrücken und den Boden mehrmals mit einer Gabel einstechen. • Die Chicoréemischung auf dem Teigboden verteilen. • Den Eischnee locker und gleichmäßig unter die Eigelbmischung heben, die Masse über den Chicorée streichen. Die Käsewürfel darüberstreuen. Den Kuchen auf dem Rost auf der mittleren Schiene etwa 30 Minuten backen und heiß servieren.

Gemüsespezialitäten

Ratatouille
Bild Seite 9

Man kann diesen französischen Gemüsetopf heiß als Hauptgericht verspeisen, als Beilage zu gebratenem Fleisch und Fisch servieren, oder kalt auf einem Vorspeisenteller anrichten.

Zutaten für 4 Personen:
250 g Zwiebeln · 3 Knoblauchzehen · 500 g Tomaten · je 1 grüne, rote und gelbe Paprikaschote · 500 g Auberginen · 500 g Zucchini · ⅛ l Olivenöl · Salz · schwarzer Pfeffer, frisch gemahlen · 1 gute Prise Zucker · je 1 Prise getrockneter Estragon und Thymian · je 1 knapper Teel. getrockneter Thymian und Oregano · ½ Teel. getrocknetes Basilikum · ⅛ l trockener Weißwein · 1 Bund Petersilie, frisch gehackt
Pro Person etwa 1900 kJ/450 kcal
7 g Eiweiß · 32 g Fett · 27 g Kohlenhydrate · 8 g Ballaststoffe

- Vorbereitungszeit: etwa 30 Minuten
- Garzeit: etwa 40 Minuten

So wird's gemacht: Die Zwiebeln schälen und in feine Ringe schneiden. Die Knoblauchzehen schälen und sehr fein hacken. Die Tomaten mit kochendheißem Wasser übergießen, dann abschrecken, häuten und halbieren, dabei die grünen Stengelansätze herausschneiden. Die Paprikaschoten putzen, waschen, halbieren und Trennwände und Kerne entfernen. Die Hälften in Streifen schneiden. Die Auberginen und die Zucchini waschen abtrocknen und ungeschält in Scheiben schneiden, dabei die Blüten- und Stielansätze entfernen. • Das Öl in einem weiten Topf erhitzen und die Zwiebeln darin glasig braten. Nacheinander die Paprika, die Auberginen, die Zucchini und die Tomaten einfüllen und einige Minuten schmoren lassen. Mit Salz, Pfeffer, dem Zucker, dem Knoblauch und den getrockneten

Kräutern würzen. • Den Wein dazugießen und das Gericht 30–40 Minuten bei schwacher Hitze im offenen Topf kochen lassen. Dabei häufig umrühren. Zuletzt soll die Flüssigkeit fast eingekocht sein. • Vor dem Servieren mit der Petersilie bestreuen.

Schnelle Gemüsepfanne
Bild 3. Umschlagseite

Zutaten für 4 Personen:
500 g Pellkartoffeln vom Vortag · 2 Zwiebeln · 2 Knoblauchzehen · 2 große Fleischtomaten · 10 schwarze Oliven · 4 Eßl. Olivenöl · 4 Eier · Salz · weißer Pfeffer, frisch gemahlen · 50 g Parmesankäse, frisch gerieben · 1 Eßl. Schnittlauchröllchen
Pro Person etwa 2000 kJ/480 kcal
16 g Eiweiß · 33 g Fett · 28 g Kohlenhydrate · 9 g Ballaststoffe

- Vorbereitungszeit: etwa 20 Minuten
- Garzeit: etwa 15 Minuten

So wird's gemacht: Die Kartoffeln pellen und in gleich dünne Stifte schneiden. Die Zwiebeln und Knoblauchzehen schälen und kleinwürfeln. • Die Tomaten gut waschen, gründlich abtrocknen und in gleich große Würfel schneiden, dabei die grünen Stielansätze entfernen. Die Oliven von den Kernen befreien und in feine Streifen schneiden. • Das Öl in einer genügend großen Pfanne erhitzen und zunächst die Zwiebel- und Knoblauchwürfel unter Umwenden darin anbraten. Danach die Kartoffelstifte und die Tomatenwürfel hinzufügen und alles unter behutsamem Umwenden weitere 10 Minuten braten. • Die Eier mit Salz und Pfeffer verquirlen und über das Gemüse gießen, stocken lassen, mit den Oliven, dem Käse und dem Schnittlauch bestreuen und sofort servieren.

Ungarisches Lescó

Wenn Paprikaschoten und Tomaten mit ihren kräftigen Farben die Märkte zieren, ist es Zeit für Ungarns berühmte Gemüsespezialität.

Zutaten für 4 Personen:
500 g Fleischtomaten · je 2 grüne und gelbe Paprikaschoten · 200 g Zucchini · 2 große Zwiebeln · 100 g geräucherter durchwachsener Speck · 1 Eßl. edelsüßes Paprikapulver · Salz · schwarzer Pfeffer, frisch gemahlen
Pro Person etwa 1000 kJ/240 kcal
7 g Eiweiß · 17 g Fett · 16 g Kohlenhydrate · 4 g Ballaststoffe

● Vorbereitungszeit: etwa 40 Minuten
● Garzeit: etwa 30 Minuten

So wird's gemacht: Die Tomaten mit kochendheißem Wasser überbrühen, dann abschrecken, häuten, in nicht zu kleine Stücke schneiden und dabei die grünen Stielansätze entfernen. Die Paprikaschoten halbieren, von Stielansätzen, Trennwänden und Kernen befreien, die Schotenhälften gründlich waschen, abtrocknen und in nicht zu kleine Stücke schneiden. Die Zucchini gründlich waschen, trockenreiben, vom Blüten- und Stielansatz befreien und die Zucchini in nicht zu kleine Würfel schneiden. Die Zwiebeln schälen und in Scheiben schneiden; die Scheiben dann vierteln. ● Den Speck würfeln und in einer Pfanne bei mittlerer Hitze ausbraten. Die Zwiebelstücke im Speckfett goldgelb braten. ● Die Paprikastücke hinzufügen und unter Umwenden 5 Minuten mitbraten. ● Die Tomatenstücke, die Zucchinistücke und das Paprikapulver unter das Gemüse mischen. Mit Salz und Pfeffer würzen und alles zugedeckt bei schwacher Hitze in 30 Minuten garen; hin und wieder umrühren und gegebenenfalls etwas heiße Gemüsebrühe hinzufügen, damit nichts anhängt.

Das paßt dazu: Körnig gekochter Reis und nach Belieben Debrecziner Würste

> **Mein Tip** Die Gemüsearten und ihr Mengenverhältnis zueinander sind nicht verbindlich für ein Lescó. Paprikaschoten und Tomaten gehören zwar immer dazu, doch dürfen diese durch beliebige andere Gemüsearten ergänzt werden.

Sizilianische Auberginen

Zutaten für 4 Personen:
4 nicht zu dicke Auberginen · Salz · 1 Stange Staudensellerie · 4 Fleischtomaten · 2 Zwiebeln · 50 g mit Mandeln gefüllte grüne Oliven · 8 Eßl. Öl · 3 Eßl. Sultaninen · 1 Eßl. Kapern · 6 Eßl. Rotweinessig · 2 Eßl. Zucker · schwarzer Pfeffer, frisch gemahlen · 50 g Pinienkerne
Pro Person etwa 1600 kJ/380 kcal
6 g Eiweiß · 27 g Fett · 30 g Kohlenhydrate · 9 g Ballaststoffe

● Vorbereitungszeit: etwa 35 Minuten
● Garzeit: etwa 20 Minuten

So wird's gemacht: Die Auberginen waschen, trockenreiben, die Blüten- und Stengelansätze abschneiden und die Früchte der Länge nach halbieren. Die Schnittflächen mit Salz bestreuen. Die Früchte 30 Minuten ruhen lassen. ● Den Sellerie putzen, waschen und in dünne Scheibchen schneiden. Die Tomaten mit kochendheißem Wasser überbrühen, dann abschrecken, häuten und vierteln, dabei die grünen Stengelansätze herausschneiden. Die Zwiebeln schälen und kleinwürfeln. Die Oliven in Scheiben schneiden. ● 2–3 Eßlöffel Öl in einem Topf erhitzen, die Zwiebeln darin glasig braten. Den Sellerie, die Sultaninen, die Kapern, die Oliven und die Tomaten hinzufügen und etwa 3 Minuten mitschmoren. Den Essig und den Zucker dazugeben und alles zugedeckt 10 Minuten dünsten. Mit Salz und Pfeffer abschmecken. • Die Auberginen mit Küchenkrepp abtupfen. Das restliche Öl in einer großen Pfanne erhitzen und die Auberginen darin von jeder Seite etwa 3 Minuten braten. • Die Auberginenhälften auf einer vorgewärmten Platte anrichten, die Gemüsemischung darüber verteilen und die Pinienkerne darüberstreuen.

Neapolitanischer Gemüsetopf

Zutaten für 4 Personen:
500 g Auberginen · Salz · 500 g gelbe Paprikaschoten · 4 reife Fleischtomaten · 500 g Kartoffeln · 350 g Zwiebeln · 3 Knoblauchzehen · ⅛ l Olivenöl · 3 Stengel Basilikum, frisch grobgehackt · schwarzer Pfeffer, frisch gemahlen · 1 Prise Peperoncinopulver (scharfes Paprikapulver) · ½ Teel. Zucker
Pro Person etwa 2100 kJ/500 kcal
8 g Eiweiß · 32 g Fett · 44 g Kohlenhydrate · 11 g Ballaststoffe

- Vorbereitungszeit: etwa 30 Minuten
- Garzeit: etwa 1 Stunde

So wird's gemacht: Die Auberginen waschen, trockenreiben, die Stiel- und Blütenansätze entfernen und die Auberginen in Würfel schneiden. Die Fruchtwürfel in ein Sieb geben, mit Salz bestreuen, mit einem Teller beschweren und 30 Minuten ziehen lassen. • Die Paprikaschoten putzen, vierteln, von Trennwänden und Kernen befreien, waschen und in Streifen schneiden. Die

Tomaten mit kochendheißem Wasser übergießen, dann abschrecken, häuten und kleinschneiden, dabei die grünen Stengelansätze herausschneiden. Die Kartoffeln schälen, waschen und würfeln. Die Zwiebeln schälen und in Ringe schneiden. Die Knoblauchzehen schälen und feinhacken. Die Auberginen abbrausen und ausdrücken • Das Öl in einer Kasserolle erhitzen und die Zwiebeln darin hellgelb braten. Den Knoblauch hineinrühren und 1 Minute mitschmoren lassen. Die Paprikaschoten, die Tomaten, die Kartoffeln, das Basilikum und die Auberginen dazugeben. Mit wenig Salz, Pfeffer, dem Peperoncinopulver und dem Zucker würzen. • Das Gemüse zugedeckt bei schwacher Hitze etwa 1 Stunde schmoren lassen. Dabei ab und zu sanft umrühren und eventuell wenig Wasser dazugießen. Den Gemüsetopf heiß oder lauwarm servieren.

Chinesische Gemüsepfanne

In China wird der Wok für das schnelle Braten verwendet. Man kann auch eine große Pfanne mit hohem Rand benutzen.

Zutaten für 4 Personen:
8 chinesische getrocknete Pilze (Tong Gu) · ½ l heißes Wasser · 4 Frühlingszwiebeln · 250 g Staudensellerie · 300 g Möhren · 1 rote Paprikaschote · je 100 g Bambussprossen und Sojabohnenkeimlinge, frisch oder aus der Dose · 1 Knoblauchzehe · 20 g frische Ingwerwurzel · 5 Eßl. Sesamöl · 4 Eßl. ostasiatische Sojasauce · ½–1 Teel. Salz · 1 Messerspitze Zucker · schwarzer Pfeffer, frisch gemahlen
Pro Person etwa 720 kJ/170 kcal
4 g Eiweiß · 11 g Fett · 13 g Kohlenhydrate · 7 g Ballaststoffe

- Vorbereitungszeit: etwa 1 Stunde
- Garzeit: etwa 15 Minuten

So wird's gemacht: Die getrockneten Pilze in dem heißen Wasser einweichen und 30 Minuten quellen lassen. • Die Frühlingszwiebeln von welken Blattenden und den Wurzelansätzen befreien, die Zwiebeln gründlich waschen und gut abtrocknen. Den Staudensellerie putzen, waschen,

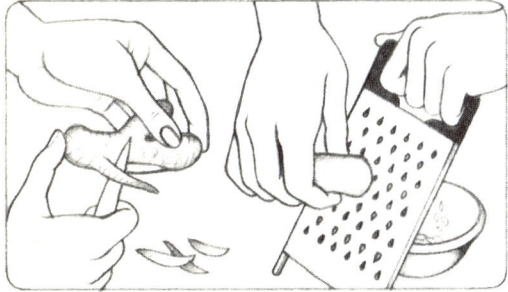

Auf einer Rohkostreibe läßt sich die geschälte frische Ingwerwurzel besonders gut raspeln.

abtrocknen und die groben Fäden von oben nach unten abziehen. Die Möhren gründlich waschen, schaben und abtrocknen. Die Paprikaschote halbieren, vom Stielansatz, den Trennwänden und den Kernen befreien, die Schotenhälften warm waschen und gut abtrocknen. Alles Gemüse in ganz schmale Streifen schneiden. • Die Bambussprossen und die Sojabohnenkeimlinge auf einem Sieb abbrausen oder abtropfen lassen. • Die Knoblauchzehe schälen und sehr klein würfeln. Den Ingwer ebenfalls schälen und grobraspeln. • Das Öl im Wok oder in der Pfanne erhitzen. Den Knoblauch und den Ingwer mit den Zwiebelstreifen darin unter Umwenden von allen Seiten anbraten. • ⅛ l vom Einweichwasser der Pilze abmessen. Die Pilze ausdrücken und in Achtel schneiden. • Die Selleriestifte, die Möhrenstifte und die Pilze mit der Zwiebelmischung unter Umwenden 5 Minuten braten. • Die Pilzflüssigkeit zum Gemüse gießen und die Paprika-

streifen hinzufügen. Alles in weiterer 6 Minuten garen. • Das Gemüse mit der Sojasauce, dem Salz, dem Zucker und Pfeffer abschmecken und zuletzt die Bambussprossen und die Sojakeimlinge untermischen. • Das Gemüse noch einige Minuten schmoren lassen und dann servieren.

Das paßt dazu: Kleine Schweinemedaillons und Weißbrot oder Glasnudeln

Zucchini-Omelette

Zutaten für 4 Personen:
500 g feste kleine Zucchini · Saft von ½ Zitrone · 4 Scheiben Toastbrot · 5 Eßl. Milch · 4 Eßl. Emmentaler Käse, frisch gerieben · Salz · weißer Pfeffer, frisch gemahlen · 6 Eier · 4 Eßl. Butter
Pro Person etwa 1200 kJ/290 kcal
17 g Eiweiß · 15 g Fett · 17 g Kohlenhydrate · 0,5 g Ballaststoffe

- Vorbereitungszeit: etwa 20 Minuten
- Garzeit: etwa 30 Minuten

So wird's gemacht: Die Zucchini waschen, abtrocknen und in dünne Scheiben schneiden, dabei die Blüten- und Stielansätze entfernen. Die Zucchini mit dem Zitronensaft beträufeln. • Die Brotscheiben würfeln, mit der Milch übergießen, 5 Minuten durchziehen lassen. Den Käse untermischen, mit Salz und Pfeffer würzen. • Die Eier mit dem Schneebesen schaumig schlagen und mit der Brotmasse vermengen. Die Zucchinischeiben unterrühren. • Die Butter in einer großen Pfanne erhitzen. Aus dem Teig bei schwacher Hitze nacheinander 4 Omelettes backen. Wenn sie besonders knusprig gewünscht werden, dann bäckt man sie von beiden Seiten.

Rezept- und Sachregister

Kursiv gesetzte Seitenzahlen verweisen auf Farbbilder

Das Rezept für diese schnelle herzhafte Gemüsepfanne steht auf Seite 52. ▷